예수마음제자훈련
제1단계 기초신앙훈련

시냇가에 심겨진 나무 1

김완섭 지음

도서출판
개혁과회복

시냇가에 심겨진 나무 1

지 은 이 : 김완섭

초판 1쇄 인쇄 : 2026.3.10.
초판 1쇄 발행 : 2026.3.15.

펴 낸 곳 : 도서출판 개혁과회복
펴 낸 이 : 김완섭
등록번호 : 제2018-000044호
등록일자 : 2018년 4월 12일

서울특별시 송파구 성내천로87 101동 201호(오금동)
종합문의 : 010-6214-1361

E메일 : newvisionk@naver.com

ISBN 979-11-89787-57-8   03230

한 권 값 11,000원

머 리 말

『시냇가에 심겨진 나무』는 새신자들이 교회 시스템에 잘 적응하도록 하고 동시에 일정하고 체계적인 배움 없이 신앙생활을 해온 많은 성도들을 위해서 개발한 성도 친화적 신앙훈련교재입니다. 특히 성도 자신들과 동일시할 수 있는 인물을 설정하여 그 인물과 더불어 생각을 나눌 수 있도록 힘썼고, 미리 준비해 오지 않아도 부담 없이 성경공부에 적응할 수 있도록 엮었습니다.

마치 아름답고 영롱한 구슬을 꿰어서 목걸이를 만들듯이, 그 동안 단편적으로 형성해 온 복음의 진리를 한 줄로 꿸 수 있도록 만든 교재이기도 합니다. 다시 말해 신앙생활에 대한 전체적인 모습을 보여줌으로써 다소 왜곡되거나 편협한 신앙관을 자연스럽게 수정하고 건강한 신앙인으로 회복하도록 돕는 데에 효과적인 교재입니다.

특히 『시냇가에 심겨진 나무』의 여러 특징들 중에 가장 두드러진 것은 학습자의 상황과 유사한 쉬운 예화를 통해 동일시가 일어나게 하여 숨기고 있던 마음들을 털어놓게 만드는 부분입니다. 교회에 나와서 자신의 속마음을 털어놓을 수 있기까지 얼마나 많은 시간이 필요한지 모릅니다. 그 불필요한 시간들을 최대한 줄임으로써 교회 정착에 큰 도움을 주고자 하는 것입니다.

『시냇가에 심겨진 나무』의 제1권은 신앙생활을 시작하면서 먼저 접촉하게 되는 순서대로 진행하도록 했습니다. 교회란 무엇인가? 예배와 찬양과 기도와 성경과 헌금의 본래의 의미가 무엇인가? 사도신경과 주기도문은 어떤 것인가 등을 순서대로 제시했습니다. 그리고 하나님과 예수님과 성령님에 관하여 배울 수 있도록 했습니다. 그렇게 기독교 복음의 전체적인 의미를 개략적으로 이해하고 나서 예수님 영접기도를 소개했습니다. 이 교재만으로는 충분한 효과를 기대하기 어렵기 때문에 지침서를 E북으로 함께 출판했습니다. 인도자는 꼭 참고하시어 기대한 결과를 얻으시기 바랍니다.

『시냇가에 심겨진 나무』는 예수마음제자훈련의 첫 번째 단계인 기초신앙훈련과정으로 개발된 교재입니다. 예수마음제자훈련은 전체 3단계로 구성되어 있습니다. 차근차근 과정을 따라 훈련을 행하다가 보면 인격과 성품의 변화와 영적 성장이 이루어져 있을 것입니다. 예수마음제자훈련의 목표가 바로 예수님의 마음을 인격으로 소유하게 만드는 것입니다. 세상 속에서 그리스도인으로서의 기능을 충분히 감당함으로써 오직 그리스도와 복음의 매개체가 될 것입니다. 끝까지 승리하시기 바랍니다.

차 례

제1권

1. 교회 : 새로운 인생의 출발　　　　　7

2. 예배 : 신앙의 원동력　　　　　19

3. 찬송 : 신앙생활의 활력소　　　　　33

4. 기도 : 영적인 호흡과 대화　　　　　45

5. 사도신경 : 당신의 신앙고백　　　　　59

6. 성경 : 신앙의 필수 영양소　　　　　81

7. 헌금 : 하나님의 것을 하나님께　　　　　93

8. 주기도문 : 너희는 이렇게 기도하라　　　　　107

9. 하나님 : 스스로 계신 분　　　　　125

10. 예수 그리스도 : 인간의 몸을 입으신 하나님　137

11. 성령님 : 당신 안에 사시는 분　　　　　149

12. 영접 : 예수님을 영접하려면　　　　　161

제2권

13. 죽음과 부활 : 기독교 진리의 본질
　　　복음을 복음 되게 하는 유일한 원리

14. 종말과 재림 : 절망과 환희
　　　영원한 세계의 진정한 출발

15. 천국과 지옥 : 우리 인생의 결론

그리스도인의 존재가치와 목적

16. 십계명 : 신앙의 선악과
인간 행동의 거울

17. 성례 : 세례와 성찬
죄 사함과 거듭남의 거룩한 기억

18. 교회의 조직 : 위대한 구조
건강한 교회를 만드는 한 몸 의식

19. 형제사랑 : 성도의 참된 교제
사랑의 공동체를 만드는 방식

20. 이웃사랑 : 나눔과 섬김
세상의 빛과 소금이 되는 길

21. 전도 : 복음전파의 생활화
세상을 향한 복음의 자기표현

22. 은사와 사명 : 하나님 나라의 통로
하나님의 일을 이루는 섭리

23. 시험과 연단 : 변화와 성장
성화를 향한 계단과 관문

24. 사탄과 귀신 : 영적 싸움의 원수
거짓과 유혹의 대적자

1. 교회 : 새로운 인생의 출발

오늘의 이야기 : 교회에 처음 나왔어요.

❧✝❧

박수동 씨는 오늘 처음으로 교회에 나온 사람이다. 초등학생 때 어느 해 여름에 교회에서 뭘 준다고 해서 나가기 시작해 겨우 두 달가량 다닌 것이 그가 교회에 대해 알고 있는 전부였다. 박수동 씨는 교회라는 곳도 다른 종교집단과 별반 다를 것이 없다는 생각을 가지고 있었으며, 결국 자기의 기호에 따라 어느 종교를 믿건 나중에는 다 통한다는 생각을 하고 있었다. 박수동 씨는 절에 다닌 적도 있었다. 믿음이 있어서라기보다 어머니를 따라 몇 번 절에 가서 예식을 따라 했던 정도였다. 그는 성당에 가 본 일도 여러 번 있었다. 별 생각 없이 친구를 따라간 것이었다. 박수동 씨가 이번에 교회에 나온 것도 절이나 성당에 가는 것과 다를 것이 없는 행동이었다.

교회에 들어선 박수동 씨는 자기를 인도한 사람의 옆자리에 앉아서 주변을 둘러보았다. 교회라는 곳은 절이나 성당과는 다른 점이 있었다. 맨 앞에 목사가 설교하는 연단(강대상)이 있었고, 그 뒤에는 십자가가 커다랗게 걸려 있었다. 그리고 그 밖에는 종교심을 일으킬 만한 것은 아무것도 눈에 띄지 않았다. 박수동 씨는 다른 사람들이 하는 행동을 곁눈질해가면서 따라 하기 시작했다.

◈◈◈✝◈◈◈

박수동 씨의 이야기를 읽고 평소에 당신이 생각해왔던 것들을 솔직하게 이야기해보자.

1. 당신은 박수동 씨의 의견 중 어느 점에 공감하는가?

2. 당신은 박수동 씨의 의견 중 어느 점이 틀렸다고 생각하는가?

3. 당신은 무엇을 믿건 종교를 가지는 것은 좋은 일이라는 말을 어떻게 생각하는가?

4. 교회에는 경배할 수 있는 어떤 물건도 없다는 사실을 깨달은 적이 있는가?

이제 당신이 지금까지 교회에 대하여 가져왔던 생각들을 허심탄

회하게 나누었다. 당신의 생각들 중에는 옳은 생각도 있을 것이고, 잘못 생각해 온 것들도 있을 것이다. 그러나 그런 것들은 중요하지 않다. 왜냐하면 하나님께서는 이미 당신을 자녀로 부르셨기 때문이다. 계속하여 박수동 씨의 이야기를 통해 교회가 과연 무엇인가를 하나하나 짚어가면서 우리들의 생각들을 정돈해가도록 하자.

먼저 찬송가 246장의 가사를 읽고 뜻을 생각하면서 부르고 나서 이야기를 계속해보자.

1. 교회라는 곳

예배가 시작되었고, 박수동 씨는 자기를 인도했던 사람이 옆에서 성경이며 찬송가며 펴주는 것을 바라보면서 약간은 어리둥절하고 서먹한 시간을 보냈다. 목사의 설교에는 이해하기 어려운 부분이 있었지만 공감하는 부분도 있었고, 설교시간 중 한두 번은 웃음을 터뜨리기도 해서 괜찮았는데, 다만 설교 중에 중요한 말만 나오면 큰 소리로 "아멘! 아멘!" 하고 혼자 외쳐대는 사람이 있어서 여간 귀에 거슬리는 것이 아니었다.

예배가 끝나고 나가니 목사가 먼저 나와서 교인들과 한 사람씩 악수를 하며 인사를 나누고 있었는데, 시종 얼굴에 웃음기를 띤 모습이 한편으로는 보기 좋았지만, 반면에 공연히 위선적인 웃음을 보이는 것같이 느껴지기도 했다. 또 들어갈 때는 잘 몰랐는데 나오면서 보니까 교인들 중에는 성격이 이상해보이거나 인격이 모자라 보이는 듯한 사람들도 눈에 띄었고, 신앙적으로 존경할 만한 사람은 별로 없어보였다. 장로라는 분만은 연세가 들어 인자해보였고 교인들에게도 존경을 받는 것 같았다.

그럼에도 불구하고 박수동 씨는 교인들의 반가운 환영인사, 목사의 유익한 설교, 교인들의 웃는 얼굴, 존경스러운 모습의 장로 등을 생각하며 이번에는 어쩐지 교회에 오래 다닐 수 있을 것 같았다. 하지만 아직도 그에게는 여러 가지 숙제가 있었다. 가령 교회는 과연 누구의 것인지, 왜 교회에 다니는 사람 중에도 거짓말하고 속이는 사람이 있는지, 왜 교인들은 교회에 그렇게 열심히 다니는지 등 여러 가지 의문점을 가지고 있었다.

여기서 교회가 과연 어떤 곳인지 생각해보고자 한다. 박수동 씨가 교회에 대해 받았던 인상이나 생각에 대해 이야기해보자. 전체적인 교인들의 모습에 관한 이야기를 나누도록 한다.

1. 당신은 교인들이 과연 위선적이라고 생각하는가?

2. 당신은 교회의 주인이 누구라고 생각하는가?

3. 당신은 교인 중 어떤 사람 때문에 교회에 안 나가겠다고 마음먹
었던 적이 있는가?

그러면 박수동 씨가 가졌던 의구심들을 해결해보자. 교회가 비신
자들이 생각하는 것과 다른 곳임을 당신은 깨닫게 될 것이다.

1. 교회의 뜻은 무엇인가? (고린도전서 1:2)

2. 교회는 누가 세웠는가? (마태복음 16:16, 18)

3. 교회의 주인은 누구인가? (에베소서 2:20~22, 고린도전서 1:2)

말씀나누기 : 교회는 완전한 사람들이 모이는 곳이 아니다.

교회는 신앙과 인격이 불완전한 사람들이 모이는 곳이다. 교회
안에서 누군가 눈에 거슬리는 행동을 해도 우리는 그 사람이 변화
되어가는 중이라는 사실을 알고 용납해야 한다. 교회 안에는 아픔

도 있고 실망도 있고 불평도 있다. 반면에 성숙이 있고 기쁨이 있고 평안이 있다. 서로 부딪치는 과정들을 통해 연단되면서 최후의 목표인 천국백성으로 변화되는 것이다. 교회는 세상의 축소판이다. 세상에서 일어나는 모든 일들이 일어날 수 있는 곳이다. 당신도 교회 안에서 서서히 변화되어갈 것이다.

2. 교회에서 하는 일

박수동 씨는 평소에 교회에서 하는 일들에 대해 의아하게 생각하는 부분이 있었다.

'교회에서는 무슨 일을 얼마나 하기에 많은 교인들이 허구한 날 교회에 가서 사는 걸까? 예배드리는 일 외에는 할 일이 없을 것 같은데? 참, 교인들은 전도도 많이 하지? 그렇지만 그 일 말고는 또 무슨 일을 할까? 천주교에서는 사회사업과 봉사를 많이 하던데, 교회는 별로 많이 하는 것 같지는 않아.'

그는 교회에서는 사회봉사를 많이 해야 한다고 생각하고 있었다.

'세상에는 도와야 할 곳이 얼마나 많은가? 믿지 않는 사람들도 열심히 돕는 일을 하잖아? 그러니까 교회가 사회사업을 많이 해야 해. 그래야 이 사회가 변하지.'

박수동 씨는 생각이 점점 복잡해지자 교회에 대한 생각은 잊어버리기로 하고 TV를 켜고 시선을 그리로 옮겼다.

박수동 씨의 견해에 대해 당신은 어떻게 생각하는가? 교회는 정말로 예배와 전도 외에는 하는 일이 없는 곳일까?

1. 교인들이 교회에 자주 나가서 무슨 일을 하는지 당신의 생각을 말해보자.

2. 사회의 변화를 위해 교회가 할 일은 무엇이라고 생각하는가?

이제 교회에서 하는 일들을 구체적으로 살펴보자. 다음 질문을 읽고 성경구절을 찾아서 기록해보고 의미를 생각해보자. 예수님을 교회의 머리로 하는 신체조직의 측면으로도 살펴보자.

1. 하나님께 예배드리는 곳이다. (요한복음 4:23~24)

2. 하나님께 기도드리는 곳이다. (빌립보서 4:6)

3. 하나님의 말씀을 가르치는 곳이다. (디모데후서 3:16~17)

4. 성도들이 교제를 나누는 곳이다. (사도행전 2:42)

5. 예수 그리스도의 진리를 전하는 곳이다. (마태복음 28:19~20)

6. 성도들과 이웃들에게 봉사하는 곳이다. (베드로전서 4:10)

이상과 같이 교회에서는 예배, 기도, 말씀, 교제, 전도, 봉사 등 여러 가지 일을 한다. 이런 일들을 통하여 교회의 모든 성도들이 연합하여 하나님의 뜻을 이루어가며 성도들 개개인의 인격이 성숙해지고 시대와 지역 앞에 쓰임 받아 사회를 변화시켜가는 일을 하는 것이다. 당신도 이런 일에 속히 동참하여 하나님의 일꾼으로 쓰임받기 바란다.

3. 교회 속의 나

여기서 우리는 교회가 무엇인가를 점검해볼 필요가 있다. 교회가 기독교신앙을 가진 사람들이 모인 곳이라면 석가모니를 믿는 사람들이 모인 곳은 절이다. 기독교도 불교도 종교인데 무슨 차이가 있느냐고 말할 수 있지만 교회와 절 사이에는 큰 차이가 있다. 다음의 비교표에 교회와 절에 대한 당신의 생각을 나누어보자. 교회에 대해서는 앞에서 나온 내용들을 참고해서 기록하고 절에 대해서는 상식선에서 기록해보자.

	교회	절
누구를 섬기는가?		
누가 세웠는가?		
주인은 누구일까?		
무슨 일을 하는가?		
무엇을 가르치는가?		
구원이 있는가?		

말씀나누기 : 교회는 사회사업기관이 아니다

전도를 목적으로 하는 사람들이 모여서 전도에 힘쓰면 그것은 선교회 또는 전도회이다. 사회사업을 하기 위한 목적으로 성도들이 모였다면 그것은 교회가 아니라 사회사업기관이다. 교회는 하나님께 예배하고 하나님과 교제하며 성도들이 생활 속에서 빛과 소금의 역할을 다할 수 있도록 가르치며 진리를 전하는 일을 주된 사명으로 한다. 사회사업이나 봉사는 교회의 여러 가지 사명 중 하나이며 성도들의 생활 속에서 구체적으로 이루어져야 하는 것이다.

결실맺기

1. 당신은 교회를 비난했던 적이 있는가? 어떤 이유에서였나?

2. 오늘 새롭게 깨달은 부분을 솔직하게 이야기해보자.

3. 당신은 예수님보다는 사람들에게 더 관심을 가지지 않았는가?

교회가 과연 무엇인가를 비교적 상세하게 살펴보았다. 교회에 대해 바른 견해를 가지고 신앙생활을 시작하는 것은 대단히 중요하다. 우리는 올바른 교회관을 가지고 하나님의 일을 이 땅에서 이루어드릴 책임이 있다. 교회는 하나님께서 우리에게 값없이 주신 은혜의 선물이다. 성도라면 누구나 교회 안에서 그리스도의 풍성함을 누리며 존귀한 인생을 살아가야 한다.

마무리기도

하나님. 참으로 감사합니다. 귀한 은혜의 한 시간을 통하여 우리에게 놀라운 사실을 깨닫게 하시니 감사합니다. 교회는 그리스도의 몸이요, 그리스도는 교회의 머리시며, 우리는 교회의 각 기관으로서 연합하여 그리스도의 몸을 이루어가는 줄을 압니다. 하나님. 저희들의 인격이 그리스도의 장성한 분량에까지 자라도록 인도하여 주시고, 복잡하고 치열한 경쟁의 이 세상을 진리로 이길 힘을 주옵소서. 서로 용납하고 사랑하여 허물을 덮어주며, 내 기준보다는 타인의 시선으로 사람을 볼 수 있도록 하시옵소서. 감사드리오며 우리의 구원자 되시며 교회의 머리 되시는 예수 그리스도의 이름으로 기도드립니다. 아멘.

2. 예배 : 신앙의 원동력

오늘의 이야기 : 인생강좌

고인숙 씨는 30대 중반의 가정주부로서 오늘 교회에 2주째 나온 사람이다. 그녀는 지난주에 처음으로 교회에 나와서 목사의 설교에 큰 감명을 받았다. 그것은 목사가 인생의 의미에 대해서 재미있는 예화까지 섞어가면서 알기 쉽게 풀이해주었기 때문이었다. 그녀는 참으로 유익한 인생강좌였다고 생각했고, 또 다른 사람에게도 그렇게 이야기했다. 고인숙 씨는 자리에 앉아서 교회에 나오기를 잘 했다고 생각했다. 마음이 안정되고 인격수양에 도움이 되는 것 같아서였다. '그래, 교회에 계속 나오자. 목사님 말씀이 다 좋은 말씀들인데.' 고인숙 씨가 이렇게 생각한 또 다른 이유는 교인들이 부르는 찬송소리였다. 여러 사람들이 한 목소리로 노래하는 찬송가 소리를 들으면서 자신도 그들의 일원이 된 것 같아서 그녀는 마음속 깊은 곳에서 기쁨을 느낄 수 있었다.

설교자의 의미 있는 설교가 끝나고 헌금시간이 되었다. 그 교회에서는 헌금주머니를 돌리고 있었다. 그런데 마침 그녀는 돈을 하나도 가져오지 않았다는 것이 생각났다. 남들이 다 내는데 가만히 있자니 뒤에서 다 자기를 쳐다보는 것만 같았다. 그녀는 헌금바구니가 뒤로 넘겨지기를 기다리면서 이렇게 마음먹었다. '다음 주에는 결혼식이 있어서 교회에 못 오니까 헌금만 옆집 집사님에게 부탁해서 내라고 해야 되겠다.' 하여튼 고인숙 씨는 헌금은 의미 있는 것이라고 생각했다.

❧❧❧✝❧❧❧

교회에 두 번째 나온 고인숙 씨의 이야기를 통해 당신의 솔직한 경험을 듣기 원한다. 이 부분은 예배경험을 나누는 시간이다. 교회 예배와 관련하여 이상한 점이나 좋은 점 등을 이야기해보자.

1. 당신은 고인숙 씨의 이야기에 공감하는 점이 있는가?

2. 당신은 고인숙 씨의 생각 중 틀린 부분이 있다고 생각하는가? 솔직하게 말해보자.

3. 당신은 설교만 듣고 가는 사람, 헌금만 보내는 사람을 어떻게 생각하는가?

이제 당신은 기독교의 예배에 대하여 당신이 평소에 가져왔던 생각들을 솔직하게 털어놓았다. 계속해서 고인숙 씨의 이야기를 통해서 기독교의 예배는 과연 무엇인지, 예배를 통하여 우리가 얻는 것은 무엇이 있는지, 또 과연 어떻게 예배를 드려야 좋은 것인지 등을 살펴보고자 한다.

먼저 가사의 뜻을 생각하면서 찬송가 43장을 불러보도록 한다.

1. 예배의 진정한 의미

고인숙 씨는 평생 동안 특정한 종교를 가져본 적이 없는 사람이었다. 물론 결혼하고 나서 시어머니를 따라 절에 간 적은 여러 번 있었고, 또 시어머니가 시키는 대로 손을 모아 합장을 하고 불상에 절하기도 했었다. 반면에 고인숙 씨는 또 이웃 사람의 권유에 못 이겨 교회에 몇 달 나간 적도 있었다. 그 일은 벌써 10년도 더 된 일이었다. 아무튼 우여곡절 끝에 2주째 교회에서 예배를 드리면서 고인숙 씨는 문득 신기한 생각이 들었다. 절에서 예불이라는 걸 드리던 일이 생각나서였다.

'절에는 기도라든가 사람들 전체가 부르는 노래 같은 것은 없는데 …, 예배드릴 때는 향불이라도 피우고 또 제사 때처럼 제물 같은 것도 차려놔야 되는 거 아닐까? 예배라는 것도 따지고 보면 제사하고 비슷한 거잖아?'

고인숙 씨는 TV의 다큐멘터리에서 보았던 아프리카 원시부족의 제사의식을 떠올리고 있었다. 또 굿이나 고사지내는 장면도 얼핏 떠올리고 있었다. 아무튼 고인숙 씨는 예배의식은 어느 종교나 비슷하다는 생각을 하면서 마지막 찬송가를 따라 불렀다.

✿✿✿✝✿✿✿

고인숙 씨는 기독교 예배와 다른 종교의식의 차이를 생각하고 있다. 당신의 견해를 솔직하게 이야기해보자.

1. 당신이 고인숙 씨의 생각에 동의하는 점과 틀렸다고 의심되는 부분은 어느 부분인가?

2. 예배 때에 당신이 드릴 수 있는 것과 받을 수 있는 것에 대해 이야기해보자.

이제 우리는 예배라는 것이 과연 무엇인지에 대해서 알아야 할 시간이 되었다. 시편 103편 1~5절을 읽어보고 이야기를 나누자. 질문은 성도가 인도자에게 묻는 내용이다.

"1 내 영혼아 여호와를 송축하라 내 속에 있는 것들아 다 그의 거룩한 이름을 송축하라 2 내 영혼아 여호와를 송축하며 그의 모든 은택

을 잊지 말지어다 3 그가 네 모든 죄악을 사하시며 네 모든 병을 고
치시며 4 네 생명을 파멸에서 속량하시고 인자와 긍휼로 관을 씌우시
며 5 좋은 것으로 네 소원을 만족하게 하사 네 청춘을 독수리같이 새
롭게 하시는도다"

질문 : 기독교의 예배에는 무슨 의미가 있습니까?

기독교의 예배와 유교나 불교의 종교의식의 차이에 대하여 당신
의 생각을 말해보자.

	기독교(예배)	불교(예불)	유교(제사)
대 상			
목 적			
방 법			
장 소			
시 간			
바치는 것			

얻는 것			

말씀나누기 : 기독교인의 특권

예배는 살아 계신 하나님과 서로 교통하는 시간이다. 단순한 종교의식으로 생각해서는 안 된다. 온 천지를 지으시고 지금도 세계의 역사를 주관하고 계시는 하나님을 경배하고 하나님의 임재를 체험하며 심령과 영혼의 축복을 누리는 귀한 시간이다. 그 귀한 시간은 아무에게나 주어지는 것이 아니다. 예배는 하나님을 믿는 사람들이 누릴 수 있는 특권이다. 이 특권은 어느 누구나 가질 수 있는 것이 아니다. 성도가 예배에 참석할 수 있는 특권은 바로 예수 그리스도께로부터 나오는 것이다. 예배는 예수 그리스도를 영접한 사람에게 주어지는 특권인 것이다.

2. 예배의 구성요소

지난 주 수요일이었다. 그녀를 전도했던 집사님에게서 전화가 걸려왔다. 수요예배에 가지 않겠느냐는 것이었다. 갑작스런 일이라 일단 곤란하다고 거절했는데, 그 집사님은 그러면 금요일에는 낮에 구역예배가 있으니 꼭 참석해야 한다고 했다. 고인숙 씨는 그것까지는 거절하지 못하고 참석을 허락했다. 이윽고 구역예배 날이 되어서 집사님과 함께 구역예배를 드리러 갔는데, 어느 성도의 집으로 들어가는 것이었다. 고인숙 씨는 난생 처음 일반 가정집에서 예배를 드리게 되었는데, 예배의 형식은 주일 낮 예배와 거의 비슷했다. 기도며 찬송이며 성경봉독이며 말씀보기, 또 헌금하는 것까지 거의 같았다. 다만 구역 성경공부라는 것이 설교와 달랐다. 그것은 교리공부라고 그녀는 생각했다. 집에 와서 고인숙 씨는 곰곰이 생각해보았다.

'예배에 꼭 이런 절차들을 거쳐야 하는 건가? 예배는 왜 드려야 하는 거지?'

모든 종족에는 반드시 종교의식이 있게 마련이다. 이런 제사의식들을 생각하고 고인숙 씨의 이야기를 살펴보면서 서로의 의견을 나누어보자

1. 당신이 고인숙 씨의 생각에 동의하는 부분은 무엇인가?

2. 당신이 보기에 고인숙 씨의 생각 중 틀린 부분이 있는가?

3. 당신이 보기에 종교의식에는 어떤 요소들이 있는가? 또 그런 요소들은 어디에서 유래되었다고 생각하는가?

이제 예배시간에 성도들이 해야 할 일들을 구체적으로 생각해 보고 다음의 성경구절을 찾아서 기록하고 함께 나누어보자.

1. 하나님께 찬송을 드린다. (역대상 16:28)

2. 하나님께 회개의 기도를 드린다. (사도행전 3:19)

3. 하나님께 감사를 드린다. (시편 69:30, 역대상 16:29)

4. 하나님의 말씀을 받는다. (시편 95:7)

5. 변화와 결단이 있다. (로마서 12:1)

말씀나누기 : 예배에도 성공과 실패가 있다.

예배는 드리면 좋고 안 드려도 그만인 것이 아니다. 그것은 우리가 예배를 통해 하나님을 만나고 그리스도의 뜻을 깨달아 기독교인으로서 살아갈 수 있기 때문이다. 그러므로 예배하는 자리에 앉아 있었다고 해서 모두가 올바른 예배를 드린 것은 아니다. 예배에도 승리가 있고 실패가 있을 수 있다. 예배는 준비한 만큼, 사모하는 만큼, 열심인 만큼, 그리고 올바른 지식을 가지고 있는 만큼 더 크게 성공할 수 있다. 인류의 조상인 아담의 두 아들 가인과 아벨이 하나님께 제사 드린 이야기가 창세기 4:3~7에 기록되어 있다. 죄를 회개하고 준비된 심령으로 예배를 드린 동생 아벨의 예물은 하나님께서 받으셨지만, 죄악의 마음으로 준비되지 못한 예배를 드린 가인의 예물은 받지 않으셨던 사실을 알 수 있다. 그것은 가인을 책망하신 하나님의 말씀처럼 가인이 선을 행하지 않고 죄의 소원을 가지고 있었기 때문에 예배가 받아들여지지 않았던 것이다. 아벨은 성공적인 예배를 드렸지만 가인은 예배에 실패한 것이다.

3. 예배와 나

고인숙 씨는 저녁예배 때에도 나오라는 권면을 받고 시간이 되자 다시 예배드리러 나갔다. 그 교회는 오후예배가 아니라 저녁예배를 드리고 있었다. 그녀에게 전도한 집사님의 얘기로는 주일에는 저녁예배까지 드려야 온전한 주일예배가 된다고 했다. 고인숙 씨는 저녁예배라서 가벼운 마음으로 집에서 입던 옷을 그냥 입고 나갔다. 그녀는 혹시 늦을까봐 조금 일찍 도착했는데, 시간이 너무 많이 남았다고 생각하고는 그냥 여기저기 둘러보다가 자리에 앉아서 소설책을 가방에서 꺼냈다. 읽던 자리를 찾아 읽어나가는데 저만치 앞에 앉아있는 교인을 보니까 성경책을 열심히 읽고 있었다.

문득 보니까 한 교인이 껌을 쫙쫙 씹으면서 고인숙 씨의 옆을 지나갔다. 뒷모습을 보니 슬리퍼를 질질 끌고 있었다. 저만치 어떤 성도는 스마트폰으로 축구중계를 보는 것 같았다. 잠시였지만 조금은 의아해졌다. 그 전에 어떤 큰 교회에 간 적이 있었는데 빈자리마다 가방이나 옷가지가 놓여있었던 생각이 났다. 잠시 후에 오는 친지나 가까운 성도의 자리를 확보하려는 것 같았다. 속으로 교회에서도 저런 모습을 보이는구나 하고 실망했었다. 고인숙 씨는 마음에 혼란이 왔다. 교회에서 어떻게 해야 좋을지를 알 수 없었다.

✛

다음은 예배에 참석하는 성도의 자세에 대한 질문이다. 이렇게 해야 하는 이유에 대해서 의견을 나누어보자.

1. 가장 좋은 의복을 입고 단정히 참석하는가? (창세기 35:2)

2. 예배 시간 전에 도착하여 은혜를 사모하며 기다리는가? (예레미 야애가 3:25~26)

3. 회개하는 심령과 겸손하고 감사하는 마음으로 예배드리는가? (이사야 57:15, 야고보서 4:6)

4. 예배 전에 주보를 보고 해당성경을 찾아서 읽어보는가? (요한복음 4:23).

5. 헌금은 미리 준비하여 봉투에 넣어 오는가? (출애굽기 12:5~6)

6. 예배가 완전히 끝나기 전에 퇴장하는가? (시편 119:10)

7. 예배 후 다른 교인들과 인사를 잘 나누는가? (요한일서 1:3)

결실맺기

지금까지 함께 나누었던 내용들을 종합적으로 정리하면서 다음의 질문들에 대해서 이야기를 나누어보자.

1. 당신은 지금까지 예배를 어떻게 생각해 왔는가?

2. 당신이 예배를 위해 준비해야 할 부분이 있다면 어떤 부분이겠는가?

3. 오늘 예배에 대하여 새롭게 깨달은 부분을 이야기해보자.

오늘은 예배에 대하여 의견을 나누었다. 예배에 대한 바른 지식을 가지고 예배를 드리는 것은 대단히 중요하다. 다 같이 예배하는 자리에 앉아있어도 예배에 성공하는 사람과 실패하는 사람이 있기 때문이다. 성도는 예배를 통하여 하나님의 말씀을 깨닫고 힘을 얻고 지혜를 얻고 문제를 해결 받는 것이다. 당신도 예배를 통하여 하나님과 더 가까워지는 생활을 할 수 있기 바란다.

마무리기도

하나님. 진정 감사합니다. 귀한 시간을 통하여 미처 알지 못했던 사실을 깨닫게 하시니 하나님의 은혜에 다시금 감사드립니다. 기독교인들은 예배를 통하여 세상을 승리하면서 살아간다는 사실을 깨달았습니다. 하나님. 저도 예배에 승리하는 자가 되어 하나님을 기쁘시게 하고 사람들에게 큰 유익을 끼치는 사람으로 변화되기를 원합니다. 매번 예배드릴 때마다 믿음이 쑥쑥 자라가는 성도가 되게 하소서. 그리하여 영적으로나 육적으로나 물질적으로나 참된 축복의 주인공이 되어 죄악으로 가득한 세상에서 이길 수 있게 하옵소서. 예배 때마다 늘 함께하시는 예수 그리스도의 이름으로 기도드립니다. 아멘.

3. 찬송 : 신앙생활의 활력소

오늘의 이야기 : 노래방

❧✚❧

노영찬 씨는 오늘로서 교회에 3주째 출석하는 사람이다. 그는 40대 초반의 직장인으로서, 교회에 다니자는 부인의 권유를 늘 달가워하지 않았었는데, 교회에서 무슨 잔치를 한다고 못살게 굴어서 한 번 나왔다가 3주나 내리 나오게 된 것이었다. 노영찬 씨는 노래를 잘하였기 때문에 평소에 노래방에 자주 다니곤 했었다. 지난 화요일 저녁에도 노영찬 씨는 동네 노래방으로 들어갔다. 처음에는 자주 부르던 노래를 계속 불렀는데, 문득 가요곡집에서 찬송가 항목이 눈에 들어왔다. 노영찬 씨는 곡목을 살펴보다가 '내 주를 가까이 하게 함은' 이라는 곡을 선택해서 번호를 눌렀다. 아는 곡이 없었는데 제목만 보고 한번 선택해 본 것이었다. 전주를 들으니 그래도 들은 적이 있는 곡이었으므로 자막을 따라서 열심히 불러댔다.

"내 주를 가까이 하게 함은 십자가 짐 같은 고생이나

내 일생 소원은 늘 찬송하면서 주께 더 나가기 원합니다."

4절까지 다 부른 노영찬 씨는 기분이 좋았다. 어째 마음이 좀 시원해진 것 같았다. 대중가요를 부를 때와는 다른 느낌이었다. 비록 노래방에서였지만 찬송가를 힘 있게 불렀다는 사실이 그에게는 조금은 대견스럽게 느껴졌다. 이제 기독교인이 된 것 같은 마음이 들었다.

❧✝❧

찬송에 대하여 이야기하기 전에 우리 실상에서 흔히 겪게 되는 장면을 살펴보았다. 당신의 경우는 어떤지 이야기해보자.

1. 찬송가를 부를 때와 대중가요를 부를 때 당신은 각각 어떤 느낌이 드는가? 솔직하게 이야기해보자.

2. 당신은 노래방에서 찬송가를 부르는 것을 어떻게 생각하는가?

찬송가와 가요, 팝송 등은 분명한 차이점이 있을 것이다. 찬송가와 대중가요의 차이에 대해서 당신의 의견을 기록해 보자.

	찬송가	대중가요
주제		
곡의 성격		

작곡 작사자		
부르는 장소		
언제 부르는가?		

찬송가 21장의 가사를 읽어보고 그 의미를 생각하면서 불러보자.

1. 찬송의 의미

노영찬 씨는 교회에 와서 자리에 앉아 찬송을 따라 부르면서 TV의 사극에서 임금이 어명을 내렸을 때 신하들이 엎드려서 "성은이 망극하나이다!" 하고 외치는 장면이 생각났다. '맞아. 그것도 찬양이야. 임금의 은혜를 찬양하는 거야.'

그러자 노영찬 씨의 머릿속에 북한체제가 생각났다. 북한은 온통 김일성과 김정은을 찬양하는 모습으로 가득한 곳이다. 꽃에도 그들의 이름을 붙이고, 기암절벽에도 그들의 이름을 파서 찬양하고, 노래며 연극이며 온갖 문화적인 수단을 총동원하여 김일성을 찬양하는 것이 아닌가! 여기까지 생각이 미치자 노영찬 씨는 가수들이 노래 부르는 공연장의 장면이 떠올랐다. 십대 소녀들은 가수며 연예인을 쫓아다니며 그들의 우상을 온몸으로

열렬히 찬양하는 것이 아닌가! 노영찬 씨는 찬송의 의미를 다시 한 번 생각하게 되었다.

'찬송가란 찬양을 노래에 실어서 드리는 것이 아닌가?'

곡조를 잘 몰라서 찬양 인도자를 따라 부르지만 그는 찬송을 대중가요 부르듯이 해서는 안 되겠다는 생각을 어렴풋이 하고 있었다.

노영찬 씨의 이야기에서 우리는 교회에서 부르는 찬송의 참된 의미를 다시 생각할 수 있을 것이다. 찬송은 살아계신 하나님을 찬양하는 노래이다. 당신은 그 동안 어떤 생각들을 가지고 찬송을 부르고 있었는지 이야기해보자.

1. 당신은 교회에서 찬송가를 왜 그렇게 자주 부른다고 생각하는가?

2. 노영찬 씨의 이야기 중 당신이 공감하는 부분을 말해보자.

3. 당신은 찬송가를 부를 때 어떤 마음으로 부르는가?

이제 찬송이란 무엇인가를 이야기해보자. 찬송의 의미를 알고 부를 때 당신은 더욱 은혜롭고 뜻있는 찬양을 올리게 될 것이다. 다음 성경구절을 찾아 기록하고 그 의미를 이야기해보자.

1. 하나님을 찬양하는 영혼의 노래이다. (시편 150:1~2)

2. 감사와 헌신을 곡조로 표현한 기도이다. (시편 47:7~9)

3. 노래를 통하여 신앙을 고백하는 간증이다. (시편 23:1~3)

4. 하나님을 증언하는 노래이다. (사도행전 2:47, 16:25~26)

말씀나누기 : 성가대를 감상하지 말자.

당신은 어떤 자세로 성가대의 찬양을 바라보는가? 어떤 분은 눈을 지그시 감고 음악 감상하는 자세를 취하는 분도 있다. 또 어떤 분은 성가대원들이 노래 부르는 모습을 유심히 살피기도 한다. 또 성가대가 잘못 부른 부분이 없나 하고 주의를 기울이기도 한다. 그러나 성가대의 찬송은 감상하거나 즐기라고 부르는 것이 아니다. 성가대가 부르는 찬송이 바로 나의 찬송이요 신앙고백이 될 수 있도록 중심으로 함께 찬양하는 자세를 취할 때 하나님께서 당신의 찬송으로 인정해주실 것이다.

2. 찬송할 때 생기는 일

❧✠❧

노영찬 씨는 그 날 예배 때 부르는 찬송가 338장이 지난 번 노래방에서 부른 곡이라는 사실을 알고 굉장히 기뻤다. 그런데 노영찬 씨는 '내 주를 가까이 하게 함은'이라는 이 찬송가를 예배시간에 부르면서 찬송에는 신비한 힘이 있다고 생각했다. 예를 들어 대중가요를 부를 때는 이상하게 추억 속으로 빠져 들어간다든지 아련하게 멀리 떠나고 싶다든지 하는 야릇한 감정을 느끼곤 하는데, 찬송가를 부르면 잘은 모르지만 뭔가 새 힘이 솟아나는 것 같을 때도 있고 어떤 때는 지나간 과거의 잘못이 뉘우쳐지기도 하며 공연히 눈물이 고이면서 모든 것이 감사해지기도 하는 것이었다. 뭐라고 뚜렷하게 말할 수는 없지만 찬송은 노영찬 씨의 삶 자체에 어떤 근본적인 도움이 되는 것 같았다.

'그래. 그래서 교인들은 찬송가를 자주 부르는 건가봐. 나도

찬송가를 많이 배워서 자주 불러야 되겠어.'

그러고 보니까 언젠가 집안에 어려움이 있었을 때 아내가 눈물 섞인 음성으로 찬양을 부르던 모습이 떠올랐다. 우연히 부딪힌 그 장면을 생각하니 찬송은 어려움 당할 때도 큰 도움이 될 것 같았다.

노영찬 씨의 이야기를 통하여 무엇을 느끼는지 이야기해보자.

1. 당신은 노영찬 씨와 같은 생각을 가진 적이 없었는가? 있다면 어떤 경우였는지 이야기해보자.

2. 각종 예배시간 이외에도 당신의 삶에서 여러 경우에 찬송을 부를 수 있다. 당신은 어떤 경우를 당했을 때 찬송을 불렀는가?

이제 찬송가를 부를 때 성도들에게 어떤 일이 일어나는지, 다음 성경구절들은 찾아 읽고 이야기를 나누어보자.

1. 기쁨과 은혜를 체험한다. (야고보서 5:13)

2. 능력을 얻는다. (이사야 42:12~13)

3. 신앙을 성장하게 한다. (에베소서 5:19~21)

4. 하나님께서 영광을 받으신다. (이사야 43:21)

찬송을 충분히 부르면 우리는 기쁨과 은혜를 체험하고 능력을 얻으며, 하나님께서는 영광을 받으신다. 또한 우리의 영혼이 은혜 가운데 젖어서 말씀에 감동을 받으며 확신 있는 기도가 나오며 하나님의 깊은 뜻을 깨닫는 일들이 일어난다. 그리하여 찬송을 통하여 성도들의 신앙이 성장해갈 수 있는 것이다. 특히 어려움을 당하여 몹시 낙심될 때 우리는 찬송을 통하여 기쁨을 회복하고 새로운 힘과 지혜를 얻을 수 있다. 우리의 찬송의 대상은 전능하신 하나님이라는 사실을 결코 잊지 말자.

말씀나누기 : 믿음으로 드리는 찬송

찬송은 악보대로 정확히 부르도록 노력해야 한다. 그러나 음치인 성도는 어떻게 해야 하나? 또 악보와는 전혀 상관없이 타령조로 흥얼거리듯이 찬송을 부르는 어르신들은 어떻게 해야 할까? 두말할 것도 없이 곡조가 조금 틀려도 크게 신경 쓰지 않고 중심으로 하나님을 찬양하면 오히려 더욱 큰 영광을 돌리게 될 것이다. 정확하게 한다고 음표에만 신경 쓰다가 정작 심령으로 찬양 드리지 못하는 경우를 조심해야겠다. 다른 사람이 잘못 부를 때도 은혜로 받아들이자.

3. 나의 찬송

3주째 주일에는 오후예배까지 참석하게 되었다. 아내가 오후예배에도 가야 한다고 했을 때 노영찬 씨의 마음에는 왠지 모르게 거부감이 사라졌다는 것을 느낄 수 있었다. 그런데 오후예배 때 교회당에 들어가니 청년들이 보컬 그룹들이나 연주하는 악기들을 큰 소리로 연주하면서 찬송을 인도하고 있었다. 노영찬 씨는 그런 광경을 처음 보기 때문에 얼굴이 약간 찌푸려지는 듯했다.

'아니, 교회는 신성하고 거룩한 곳인데 저런 시끄러운 악기들을 연주해도 되는 건가?'

노영찬 씨는 그런 생각들을 하면서 빈자리에 앉았는데, 일찍 나와 있던 성도들이 모두 박수를 열심히 치면서 찬송을 한다는 사실을 문득 알아차렸다. 그는 너무나 어색했다. 가요도 아닌

찬송가를 부르면서 박수를 친다는 것이 어쩐지 어울리지 않는 것 같았다. 잠시 후에 한 여자 청년이 나오더니 다 따라서 하라면서 곡에 맞추어서 율동을 하기 시작했다. 그것은 춤추는 것과 다를 것이 없었다. 노영찬 씨의 머릿속에는 혼란이 오기 시작했다.

'도대체 어떻게 된 거지? 거룩한 교회에서 악기며 박수며 춤을 추다니 ……'

❦❦❦✝❦❦❦

이제 당신은 여럿이 함께 부르는 가운데에서도 하나님께 드리는 당신만의 찬송을 불러야 한다. 그러기 위해서 당신이 찬양할 때 어떤 마음과 태도로 부르는지 스스로 점검해보자.

1. 하나님께 깊이 감사하는 마음으로 부르고 있는가? (골로새서 3:16~17)

2. 밝고 기쁜 마음으로, 때로는 손뼉을 치면서 부르는가? (시편 100:1~2, 47:1)

3. 때로는 눈물이 나오기까지 찬양 드리는가? (누가복음 7:37~38)

4. 찬송할 때 소리를 높여서 크고 힘 있게 부르는가? (누가복음 19:37~38)

5. 가사를 생각하며 그대로 기도하면서 부르는가? (골 3:16)

6. 여러 종류의 악기로 찬양을 드려도, 춤추면서 찬양해도 은혜가 되는가? (시편 150:3~5)

결실맺기

전체적으로 종합하여 노영찬 씨의 생각과 당신의 생각을 비교해 보자.

1. 노영찬 씨의 생각에 대한 당신의 의견을 이야기해보자.

2. 당신은 작은 걸림돌 때문에 찬송 부르는 데 장애가 된 적이 없
었는가?(예를 들어 의상, 박수, 율동 등)

우리는 온갖 수단을 다 동원하여 하나님을 찬양할 수 있어야 한
다. 예배 안에 포함된 찬양을 부르기도 하지만 예배 전후에 드리는
찬양단과 함께 찬양을 부를 때도 많다. 어떤 경우에서이든 우리가
어떤 자세로 찬양을 드려야 될지에 대해서 생각해보아야 한다.

마무리기도

영광과 찬양을 받으시기에 합당하신 하나님 아버지. 아버지의 은
혜에 다시금 감사드립니다. 우리에게 찬양할 수 있는 특권을 주시
고, 부족한 우리의 찬양을 받아주시며, 곡조 있는 기도인 찬양을
통하여 기도를 들어주시고, 찬양할 때 영적으로 신령한 은혜를 내
려주시니 감사드립니다. 우리가 찬양드릴 때 진정한 마음과 자세로
드릴 수 있도록 허락하여주옵소서. 찬양을 통하여 나의 심령이 변
화되고, 새 힘을 얻으며, 세상을 이길 힘을 얻게 해주옵소서. 진정
으로 감사드리며 언제나 우리의 찬양을 받아주시는 예수 그리스도
의 이름으로 기도드립니다. 아멘.

4. 기도 : 영적인 호흡과 대화

오늘의 이야기 : 비나이다 비나이다

최귀도 씨는 이제 4주째 교회에 나온 사람이다. 그녀는 50대 중반에 처음으로 교회에 나왔는데, 그것은 마치 기적과도 같은 일이었다. 왜냐하면 최귀도 씨는 자식들 잘되라고 늘 절이며 산속의 우상들이며 서낭당을 찾아다니면서 복을 빌던 사람이었기 때문이다. 교회에 나온 첫 주에 최귀도 씨는 다른 교인들이 무엇을 하는지 유심히 살펴보았다. 교인들은 자리에 앉아서 고개를 약간 숙인 채 눈을 감고 기도하고 있었다. 그렇지만 최귀도 씨는 평소에 자기가 하던 대로 두 손을 모아 합장을 하였다. 최귀도 씨의 생각에는 목욕재계하고 무릎을 꿇고 수십 번씩 큰절을 하면서 정성을 다 바쳐서 기도해야 소원이 이루어질 것 같았지만 교회 의자에서는 그렇게 할 수도 없어서 합장만이라도 한 것이었다.

"비나이다. 비나이다. 예수 하나님께 비나이다. 우리 자식 이제 결혼시켜야 되는데 예수 하나님이시여 좋은 신붓감 좀 구해 주소서."

대충 이런 식으로 기도를 드리는데, 다른 사람들이 합장하고 기도하는 그녀를 자꾸 쳐다보는 것 같아서 그녀는 슬그머니 두 손을 내려놓았다. 그렇지만 기도하는 일이라면 열 일 제쳐놓고

쫓아다니던 최귀도 씨였다. 그녀는 늘 하던 대로 예수 하나님께
도 우선 작정하여 기도를 드려보기로 마음먹었다. 그리하여 새
벽마다 목욕재계하고 나와서 기도하기로 하였다. '지성이면 감
천'이라고 하지 않았던가?

⁂

최귀도 씨의 이야기를 통해 기도에 대하여 당신이 느낀 점이 무
엇인지 대화를 나누어보기로 하자.

1. 최귀도 씨의 생각 중에서 당신이 긍정적으로 생각하는 부분은?

2. 당신이 잘못되었다고 느끼는 부분을 말해보자. 왜 나쁜가?

3. '지성이면 감천'이라는 말을 어떻게 생각하는가? 정성을 다해
기도하면 하나님이 그 기도를 항상 들어주실까?

4. 당신은 기도의 필요성을 느낄 때가 있었는가? 언제 기도해야
할 필요를 느꼈는가?

기도에 대해 평소에 어떤 생각들을 하고 있었는지 이야기를 나누어보았다. 기도는 하나님과 대화할 수 있는 수단으로서 우리의 신앙생활을 유지하는 데 매우 중요한 영적인 호흡과 같다. 이제 기도의 목적, 방법 등에 대하여 구체적으로 살펴보자.

찬송가 369장의 가사를 잘 읽어보고 그 뜻을 생각하면서 부른 후 이야기를 계속하자.

1. 기도의 목적

최귀도 씨는 새벽기도를 작정하고 나서 소원의 제목을 정하였다. 첫째, 아들의 결혼문제였다. 둘째, 남편의 건강을 비는 것이었다. 셋째, 그녀가 운영하는 음식점이 잘되게 해 달라는 것이었다. 최귀도 씨의 실제적 관심은 교회에서 이런 기도를 드릴 때 어떤 효험이 나타나느냐 하는 것이었다. 아무런 효험이 없으면 교회를 떠날 수도 있다고 그녀는 생각했다.

새벽기도에 참석하면서 최귀도 씨는 이상한 것을 발견하였다. 공개적으로 기도제목이라는 것을 내놓고 전 교인이 기도하는데, 그 기도제목들은 거의 자기가 기도하는 내용과 비슷했다.

그런데 다른 기도를 드리는 경우를 자주 발견했다. 죄를 회개하는 기도, 나라를 위한 기도, 다른 사람을 위한 기도, 이웃 사람이나 다른 성도들을 위한 기도소리들을 들을 수 있었다. 또 방언인가 하는 전혀 알아들을 수 없는 말로 하는 기도도 있었다.

최귀도 씨는 아직까지 자기와 가족에 관한 기도 외에는 해본 적이 없었다. 최귀도 씨는 기독교의 기도에는 다른 점이 많다고 생각하게 되었고, 사람들의 삶에 대하여 참된 의미를 찾을 수 있을 것 같았다. 기독교에 대한 최귀도 씨의 생각은 점점 바뀌어가고 있었다.

✣

최귀도 씨의 생각과 당신의 생각을 비교해보자.

1. 기도에 대한 최귀도 씨의 태도를 당신은 어떻게 생각하는가?

2. 당신은 가족들 이외의 누군가를 위해서, 또는 우리가 살고 있는 나라와 민족의 앞날을 위해서 기도해본 적이 있는가?

우리는 이제 무엇을 위해서 성도들이 기도해야 하는지를 알아보아야 한다. 다음은 기독교에서 기도하는 목적들을 기록해놓은 것이다. 당신에게 지금 필요한 기도는 어떤 기도인지 생각하면서 그 이유를 나누어보자.

1. 알지 못하고 지은 죄를 깨닫고 회개하기 위해서이다. (사도행전 3:17, 19; 마태복음 26:74~75)

2. 하나님의 뜻을 깨닫고 이루기 위해서이다. (사도행전 1:24~25, 마태복음 26:39)

3. 영적으로 오는 온갖 복을 받기 위해서이다. (사도행전 8:15, 고린도전서 12:8~10)

4. 생활에서 당하는 어려움을 해결하고 질병을 치유받기 위해서이다. (야고보서 5:13~15)

5. 세상의 유혹이나 시험에 빠지지 않도록 항상 기도한다. (마태복

음 26:41)

6. 새로운 힘과 능력을 얻기 위해서이다. (빌립보서 4:6~7)

7. 하나님의 나라와 교회와 다른 사람을 위해서 간구하는 것이다.
(마태복음 6:33, 데살로니가전서 5:25)

이상과 같이 기독교인은 자신의 유익뿐 아니라 타인의 유익과 하나님의 나라를 위해 여러 가지 기도 제목을 가지고 기도한다. 기독교의 기도는 개인의 축복 그 이상의 것들을 위해 드려지는 것이다.

말씀나누기 : 기도에 대한 하나님의 응답
우리가 믿음을 가지고 최선을 다하여 기도하면 하나님은 우리의 모든 기도를 다 듣고 계신다. 그리고 성도의 상태나 상황에 따라 다음과 같은 방식으로 응답해 주신다.
1. 하나님 보시기에 급한 일일 때에는 즉시 응답해주신다.
2. 오랜 시간이 지난 후에 들어주시는 경우도 많다.

3. 구하는 대로 주시지 않고 전혀 다른 방법으로 주시기도 한다.
4. 우리에게 불필요할 때는 응답하지 않으신다.

2. 기도의 방법

　그녀의 종교심은 대단한 것이었다. 아들의 대학입시 합격을 위하여 새벽마다 가장 먼저 산에 올라 아무도 떠가지 않은 약수를 길어다가 소반에 물 한 그릇 놓고 비는 기도를 100일씩 여러 번 했으며, 어떤 때는 1000일 기도를 작정하고 드린 적도 있었다. 그런데 최귀도 씨는 4주 정도의 새벽기도를 통하여 크게 깨달은 점이 있었다. 그것은 그녀가 지금까지 해오던 기도 방식으로 해서는 안 되겠다는 것이었다. 그녀는 지금까지 무조건 온갖 예의와 정성, 그리고 많은 돈을 드려서 이런저런 기도를 해 왔지만 사실상 뭐 신통한 것은 한 번도 없었다. 그렇지만 교회에 와서 기도해보니 그런 것과는 큰 차이가 있다는 것을 발견했던 것이다. 최귀도 씨가 결정한 것은 우선 교회에서 드리는 기도에 대하여 정확하게 알아야겠다는 것이었다. 이는 매우 현명한 생각으로, 자기가 기도드리는 대상과 방법에 대하여 올바른 지식을 가지고 기도할 때 그 기도가 이루어지리라는 것이 그녀의 생각이었다. 그리하여 최귀도 씨는 올바른 기도를 드리는 방법에 대하여 목사님께 상담을 요청하기로 하였다.

우리는 이제까지 최귀도 씨가 했던 기도의 방법을 살펴보았다. 이 이야기를 통해 기도에 대한 생각을 나누어보자.

1. 최귀도 씨는 평생 기도를 중요시하며 살아온 사람이다. 그러나 그녀의 기도에는 가장 중요한 요소가 빠져있다. 당신은 그것이 무엇이라고 생각하는가?

2. 당신 자신이나 당신 주변에는 최귀도 씨와 같은 사람이 없었는 가? 당신은 그런 사람에게 어떤 말을 해주고 싶은가?

우리의 기도의 대상은 창조주 하나님이시다. 우리는 하나님께서 원하시는 기도를 해야 응답을 받을 수 있다. 이제 다음의 성경구절 들을 찾아보고 기도의 방법에 대해 이야기해보자.

1. 믿음으로 기도해야 한다. (마가복음 11:24)

2. 하나님의 뜻을 따라 기도해야 한다. (요한일서 5:14~15)

3. 죄를 고백하면서 기도해야 한다. (야고보서 5:16, 누가복음 18:13~14)

4. 감사와 겸손의 마음으로 기도해야 한다. (빌립보서 4:6, 로마서 14:6)

5. 매일 기도하되 끝까지 해야 한다. (데살로니가전서 5:16~18)

6. 예수님 이름으로 기도해야 한다. (요한복음 14:13~14)

7. 성경에 기록된 하나님의 약속의 말씀을 붙잡고 기도해야 한다. (로마서 4:20~21)

이상과 같이 믿음으로, 하나님의 뜻을 따라, 죄를 고백하면서, 감사하는 마음으로, 이루어질 때까지 구하되 반드시 중보자 되시는 예수님의 이름으로 기도해야 한다. 기독교인은 기도를 통하여 언제나 평안과 감사와 기쁨을 유지할 수 있다. 당신도 기도의 즐거움에 동참하기를 바란다.

3. 내가 드리는 기도

기도에 있어서 가장 중요한 것은 당신 자신이다. 당신이 어떤 기도를 드리느냐에 따라 그 결과는 크게 달라진다.

기독교의 기도와 다른 종교의 기도의 차이에 관한 당신의 견해를 말해보자.

	기독교	불교	치성
대 상			
장 소			
목 적			

시 기			
방 법			

 하나님은 영적인 존재이시지만 동시에 인격을 가지고 계시므로 사람은 기도로써 하나님과 인격적인 교제를 나눌 수 있다.

말씀나누기 : 기도에도 순서가 있다.

 사람과 사람 사이의 대화에도 나름대로의 순서가 있듯이 기도에도 순서가 있다. 다음과 같은 순서대로 기도해보자.

1. 먼저 하나님의 영광과 능력과 우리를 향하신 은총을 찬양한다.
2. 죄를 고백하고 회개하는 기도를 드린다.
3. 하나님이 주시는 여러 가지 은혜에 대하여 감사를 표현한다.
4. 확신을 가지고 바라는 것을 구체적으로 고백한다.
5. 마지막에는 반드시 예수 그리스도의 이름으로 기도드린다.
6. "아멘!"으로 마무리 짓는다.

결실맺기

 이제 기도에 대한 이런 내용들을 우리 자신이 어떻게 실제로 적용할 수 있을까를 생각해야 한다. 다음 질문들에 솔직하게 자기 생각을 표현해보자.

1. 당신이 이전까지 기도에 대하여 가져왔던 생각들을 솔직하게 이야기해 보자.

2. 오늘 이 시간을 통하여 당신이 깨달은 바와 새롭게 결심한 바가 있다면 이야기해보자.

3. 당신에게 가장 절실한 문제는 무엇인가? 서로의 기도제목으로 나누어보자.

당신의 기도제목을 놓고 여러 성도들이 합심하여 기도하는 합심 기도시간을 가져보자. 하나님의 자녀들이 한 목소리로 확신을 가지고 기도하면 힘 있고 응답받는 기도가 될 것이다.

마무리기도

참으로 놀라운 길을 열어놓으신 하나님을 찬양 드립니다. 기도를 통하여 영적으로 숨을 쉬게 하시고, 기도를 통하여 영이신 하나님과 대화를 나눌 수 있도록 하시니 진정 감사드립니다. 이제까지 몰라서 기도드리지 못한 것과 잘못 알고 구한 기도를 용서하여주시고, 참되고 올바른 기도를 드릴 수 있도록 이끌어주옵소서. 우리 인생살이에서 작은 문제라도 하나님께 기도드리는 가운데 해결해 나가는 자세를 가질 수 있게 해 주시고, 우리의 기도에 속히 응답해 주시옵기를 간절히 간구합니다. 항상 우리 기도를 받아주시는 예수 그리스도의 이름으로 기도드립니다. 아멘.

5. 사도신경 : 당신의 신앙고백

오늘의 이야기 : 수리수리마수리, 열려라 참께!

도신경 씨는 오늘로서 5주째 교회에 출석한 사람이다. 교회에 등록한 지는 두 달쯤 되었지만 그 동안 매 주일 전부 참석하지는 못하였다. 도신경 씨에게 있어서 가장 답답한 시간은 사도신경을 암송하는 시간이었다. 교회에 나오면 먼저 그것을 외워야 한다는데, 도신경 씨는 외우는 것이라면 아예 머리부터 흔들어대는 사람이다. 그래도 도신경 씨는 몇 번이고 노력하여 이제는 거의 암송할 수 있었지만, 그것이 무슨 뜻인지는 아직도 거의 모르는 상태였다. 생소할 뿐만 아니라 뜻조차 모르는 용어가 몇 개 있으니 도신경 씨로서는 거기까지 신경을 쓸 여유가 없었던 것이다. 도신경 씨는 5주째 되는 오늘에서야 사도신경을 외울 시간이 되자 무슨 주문을 외우는 것 같은 마음으로 더듬더듬 따라 암송했다.

'그래. 이것도 염불 같은 거겠지, 뭐. 무조건 외워서 읊으면 좋을 거야.'

도신경 씨는 마치 마술을 부릴 때 '수리수리마수리' 하는 것을 떠올리고 있었으며, 알라딘이 "열려라, 참께!" 하는 장면을 연상하고 있었다. 그녀로서는 그 이상의 의미를 발견할 수 없었던 것이다. 사도신경이라는 용어 자체를 모르고 있었으며, 그것

을 왜 암송해야 하는지를 이해할 수가 없었다. 어쨌거나 그녀는
완벽하게 외우려고 애쓰고 있었다.

✦✦✦✦✦✝✦✦✦✦✦

도신경 씨의 이야기를 읽고 다음의 질문에 답해보자

1. 사도신경은 기독교인이라면 교파의 구별 없이 누구나 외우고
있다. 당신은 사도신경을 외우고 있는가? 함께 암송해보자. 기
록해 보는 것도 좋을 것이다.

2. 당신은 주문이나 염불을 하거나 들어본 적이 있는가? 그 뜻을
알 수 있었는가?

3. 당신은 사도신경의 내용을 살펴본 적이 있는가? 한마디로 말하
면 사도신경의 내용은 무엇인가?

사도신경이란 우리 믿음의 내용을 설명해주는 신앙고백문이다.
하나님을 믿을 때 무엇을 믿을 것인지, 왜 믿어야 하는지, 믿으면

어떤 결과가 오는지, 그리고 사후(死後)에는 어떻게 되는지 등을 바로 알고 난 후에야 바른 믿음을 가질 수 있다.

찬송가 545장을 부른 후 계속 이야기 나누어보자.

1. 사도신경이란 무엇인가?

도신경 씨는 눈을 감고 사도신경을 암송하고 나니 마치 오른손을 들고 선서한 기분이 들었다. 이제 사도신경은 주문이나 염불처럼 생각되는 것이 아니라 신조를 외우거나 선서한 것 같은 느낌으로 다가오고 있었다. 도신경 씨는 왜 사도신경을 다 함께 암송하는지, 언제부터 교회에서 암송하게 되었는지 궁금했다. 또한 사도신경을 만든 배경이 무엇인지 알고 싶어졌다.

'질문'은 성도들이 대답하기 어려운 문제들을 인도자에게 묻는 내용이다.

질문 1 : 사도신경을 다 함께 암송하는 이유는 무엇입니까?

질문 2 : 사도신경은 누가 시작했으며 어떤 내용이었습니까?

질문 3 : 오늘날과 같은 사도신경은 언제부터 암송하였습니까?

사도신경은 하나님께 대하여 그 믿음의 내용을 선서하는 것과 같다. 이 사도신경의 내용 중에서 한 가지라도 어긋나는 주장을 할 때 그것을 우리는 이단이라고 부르며, 기독교로 인정해주지 않는다. 사도신경을 변질시키려는 어떤 주장에도 현혹되어서는 안 될 것이다. 이제 사도신경의 내용을 살펴보기로 한다. 기존에 사용되던 개역개정과 새번역 사도신경을 함께 소개한다.

2. 하나님과 예수님과 성령님에 대한 고백

이제 사도신경의 내용을 하나하나 점검해가고자 한다. 믿어지지 않는다고 해도 부담을 가져서는 안 되며, 마음에 믿음이 없으면 솔직하게 이야기해야 한다. 믿음이 생기지 않는 것은 부끄러운 것이 아니다. 마음에 믿어지지 않는데도 믿는다고 말하는 것이 오히려 부끄러운 일이고 신앙생활에 장애가 되는 일이다.

① **하나님에 대한 고백**

"전능하사 천지를 만드신 하나님 아버지를 내가 믿사오며" (개역개정)
"나는 전능하신 아버지 하나님, 천지의 창조주를 믿습니다." (새번역)

이 말은 사람과는 달리 전지전능하신 하나님의 존재를 인정하는 것이다. 하나님을 나의 아버지로 고백하는 것이며, 온 천지와 모든 생물과 사람을 창조하신 창조주로서 하나님을 믿는다는 신앙고백이다. 특별히 그분의 자녀들인 우리들을 위하여 섭리하시는 하나님이 계심을 분명하게 믿어야 할 것이다.

1. 하나님께서 온 우주와 세상을 지으신 것을 믿는다. (창세기 1:1)

2. 하나님께서 내 육신과 영혼을 지으신 것을 믿는다. (창세기 2:7)

3. 하나님께서 아버지로서 보살펴주심을 믿는다. (이사야 64:8)

4. 지금도 하나님께서는 온 천지를 주관하고 계신다. (시편 96:10)

나눔 : 당신은 여호와 하나님을 아버지로 얼마만큼 느끼고 있는
가?

② 예수님의 실재에 대한 고백

"그 외아들 우리 주 예수 그리스도를 믿사오니
이는 성령으로 잉태하사 동정녀 마리아에게서 나시고
본디오 빌라도에게 고난을 받으사 십자가에 못 박혀 죽으시고"
(개역개정)
"나는 그의 유일하신 아들, 우리 주 예수 그리스도를 믿습니다.
그는 성령으로 잉태되어 동정녀 마리아에게서 나시고,
본디오 빌라도에게 고난을 받아 십자가에 못 박혀 죽으시고," (새번역)

　이는 예수 그리스도의 이름을 믿고 하나님의 아들이시며 구세주
시요 메시아이심을 굳게 믿는다는 고백이다. 또 하나님으로서 사람
인 동정녀 마리아에게서 성령으로 잉태되어 탄생되신 것, 즉 무한
하신 하나님으로서 제한된 사람의 몸을 입으신 성육신을 믿는 것
이다. 역사적으로는 로마 총독 본디오 빌라도의 선고에 의해 가장

극악한 죄수들을 사형시킬 때만 쓰는 십자가에 못 박혀 죽으신 것을 믿는 신앙을 고백하는 내용이다.

1. 예수 그리스도는 하나님의 아들이심을 믿는다. (마태복음 3:17)

2. 예수님은 동정녀 마리아에게서 나셨음을 믿는다. (마태복음 1:23)

3. 예수님은 성령(하나님의 영)으로 잉태되셨음을 믿는다. (마태복음 1:20~21)

4. 예수님은 하나님이 사람의 몸을 입고 이 땅에 오신 것이다. (로마서 1:3~4)

5. 예수님은 로마 총독 빌라도에 의해 사형선고를 받으셨다. (요한복음 19:15~16)

6. 예수님은 십자가 사형대에서 돌아가셨음을 믿는다. (요한복음
19:18)

나눔 1 : 예수님이 하나님의 아들이라는 사실을 어떻게 믿을 수
있을까?

나눔 2 : 당신은 정말로 예수 그리스도를 당신의 주인으로 고백하
고 그분의 말씀에 순종하려고 하는가?

③ 예수님의 부활과 심판에 대한 고백

"사흘 만에 죽은 자 가운데서 다시 살아나시며
하늘에 오르사 하나님 우편에 앉아 계시다가
저리로서 산 자와 죽은 자를 심판하러 오시리라" (개역개정)
"장사된 지 사흘 만에 죽은 자 가운데서 다시 살아나셨으며,

하늘에 오르시어 전능하신 아버지 하나님 오른편에 앉아계시다가,
거기로부터 살아있는 자와 죽은 자를 심판하러 오십니다." (새번역)

이는 예수님께서 죽으신 후에 일어난 일들과 앞으로 일어날 일들에 대한 내용이다. 예수님께서 죽으셔서 무덤 속에 계시다가 사흘 만에 부활하셨음을 믿는다. 부활의 고백은 신앙의 확실한 근거가 되는 조건이다. 또 예수님은 승천하셔서 하나님과 함께 계시면서 성도들의 중보자와 변호자의 역할을 하시다가 때가 되면 이 땅에 다시 오시는데, 그때는 육신으로 오실 때와 달리 온 인류를 심판하는 심판주로 오실 것이다.

1. 예수님은 돌아가신 후 사흘 만에 다시 살아나셨다. (요한복음 20:19)

2. 부활하신 예수님은 이 땅에 40일간 살아계셨다. (사도행전 1:3)

3. 예수님은 부활하신 모습 그대로 하늘나라에 가셨다. (사도행전 1:11)

4. 예수님은 지금은 하나님과 함께 천국에 계신다. (사도행전 7:55~56)

5. 언젠가는 예수님이 세상에 다시 오실 것이다. (마태복음 26:64)

6. 다시 오실 그때에는 모든 사람의 죄악을 심판하실 것이다. (요한계시록 20:12)

나눔 1 : 당신은 예수님이 부활하신 날을 기념하여 드리는 주일에 배 때에 부활의 주님을 생각하고 있는가?

나눔 2 : 당신은 저 천국에서 예수님과 함께 영원토록 살아가는 모습을 상상한 적이 있는가?

나눔 3 : 당신은 마지막 심판 날을 기다리고 있는가? 아니면 두려워서 그 날이 오지 않기를 바라는가?

④ 성령님에 대한 고백

"성령을 믿사오며" (개역개정)
"나는 성령을 믿으며," (새번역)

이는 성령님을 성부 하나님이나 성자 예수님과 동일한 존재이시라고 고백하는 것이다. 성령님의 역사하심과 감동하심으로 우리가 신앙을 가질 수 있으며, 성령님을 통하여 하나님께서 주시는 여러 가지 은혜와 신령한 은사를 받아 그리스도 안에 연합할 수 있음을 인정하는 내용이다.

1. 성령님은 하나님과 예수님과 동등한 존재이시다. (마태복음 28:19)

2. 성령님의 일하심으로 우리가 예수님을 믿게 된다. (고린도전서 12:3)

3. 성령님은 지금도 성도들의 마음에서 늘 일하신다. (요한복음 14:26)

4. 성령님으로 말미암아 은혜와 능력을 받는다. (누가복음 12:12)

5. 병 고침 등의 기적은 성령님의 임재하심으로 말미암는다. (고린도전서 12:9~10)

나눔 1 : 당신은 성령님을 당신의 목적을 위한 수단이나 방법으로 대접해 드리지는 않았는가?

나눔 2 : 예수님을 영접하게 된 과정을 상기하면서 당신을 위해 성령님이 어떻게 일하셨는지 짧게 이야기해보자.

나눔 3 : 당신은 성령님의 역사하심보다는 자신의 경험과 능력에
지나치게 의존하고 있지는 않은가?

이상은 우리 믿음의 대상에 대한 고백들이다. 아버지 하나님, 아들 예수님, 그리고 성령님의 존재와 하시는 일과 우리를 향하신 사랑의 내용을 하나님께 돌리는 고백들이다. 이 고백들을 통하여 하나님께 영광 돌리고 자신의 신앙을 다짐하며 진리를 좇아 생활할 수 있는 기틀을 다듬는다.

3. 믿음의 내용에 대한 고백

사도신경의 후반 부분은 성도들의 믿음에 대한 내용으로 구성되어 있다. 여기에 대하여 우리는 확신을 가질 필요가 있다. 세상을 승리하며 살기 위해 꼭 필요하기 때문이다. 아래 내용들에 대하여 솔직하게 깊이 생각하면서 이야기해보자.

⑤ 교회와 죄 사함의 고백

"거룩한 공회와 성도가 서로 교통하는 것과
죄를 사하여 주시는 것과" (개역개정)
"거룩한 공교회와 성도의 교제와 죄를 용서받는 것과" (새번역)

거룩한 공회(공교회)란 예수 그리스도의 이름으로 모이는 교회를 뜻하며, 성도가 영적·육적으로 모이기를 힘쓰고 믿음을 끝까지 지키는 힘이 성도의 교통에서 나온다는 내용이다. 또한 기독교의 가장 핵심적인 부분인 죄를 사면해 주심을 믿는 것인데, 이것은 예수님께서 우리의 죄를 대신해서 죽으신 것을 믿을 때 우리의 죄는 흔적도 없이 사라지게 된다는 고백이다.

1. 교회를 통하여 하나님과 성도가 교통한다. (에베소서 3:10~11)

2. 성도들의 교제와 연합에서 하나님나라가 이루어진다. (로마서 16:16)

3. 예수님은 우리가 지은 죄를 사면해 주신다. (골로새서 1:14)

4. 우리의 죄 사함은 예수님이 우리 죄를 지시고 대신 피 흘려 돌아가셨기 때문이다. (히브리서 9:22)

5. 죄 사함 받는다는 것은 우리의 죄가 흔적도 없이 사라져서 하나님께서 기억조차 하지 않으신다는 뜻이다. (히브리서 8:12)

나눔 1 : 당신은 어떤 결정을 내릴 때 얼마만큼 교회를 통하여 하나님께 기도하고 있는가?

나눔 2 : 당신은 예수 그리스도께서 당신이 흘릴 피를 대신 흘리셨다고 확신하는가? 그렇다면 얼마나 그리스도께 헌신되어 있는가?

나눔 3 : 당신은 이미 사함 받은 어떤 죄를 아직도 생각하고 가끔씩 괴로워하고 있지는 않은가?

⑥ 부활과 영생에 대한 고백

"몸이 다시 사는 것과 영원히 사는 것을 믿사옵나이다. 아멘." (개역개정)
"몸의 부활과 영생을 믿습니다. 아멘." (새번역)

이는 우리 영혼의 영원함을 믿는 것으로서, 우리도 언젠가는 죽게 될 것이고, 또 예수님이 신령체로 부활하신 것처럼 우리도 그렇게 부활하여 주님과 함께 왕이나 제사장처럼 영원토록 살아간다는 사실을 믿는 고백이다. 또한 '아멘'은 사도신경의 끝이라는 표시가 아니라 여기까지 신앙을 고백한 내용들에 대해 다시 한 번 서약한다는 뜻이다. 그러므로 '아멘'은 모든 내용들을 전인격적으로 믿고 다짐하는 것이어야 할 것이다.

1. 육신의 죽음 이후에도 영혼은 영원히 존재한다. (마태복음 10:28)

2. 죽음 이후에는 반드시 심판이 기다린다. (요한복음 5:29)

3. 성도들도 죽은 후 언젠가는 예수님처럼 부활될 것이다. (로마서 6:5)

4. 부활 후 영원한 나라에서 예수님과 함께 살아갈 것이다. (요한계시록 20:6)

5. 이상의 모든 내용에 대해 다시 한 번 아멘으로 고백한다. (고린도후서 1:20)

나눔 1 : 당신은 진정으로 죽음 이후의 영생을 생각하면서 세상을 살고 있는가? 그렇다면 세상일에 너무 얽매이지 않아도 될 것이다.

나눔 2 : 당신은 예수님과 얼마나 인격적으로 교제를 나누고 있는가? 인격적인 교제를 가지고 있다면 예수님과 직접 만나면서 영원토록 살아갈 저 천국을 항상 그리워해야 할 것이다.

나눔 3 : 당신은 아멘을 너무 쉽사리 남발하고 있지는 않은가? 아멘하면서 그 내용에 합당한 신앙행위가 뒤따라야 할 것이다.

이상과 같이 사도신경은 하나님께 대한 고백, 예수 그리스도께 대한 고백, 성령님께 대한 고백, 그리고 교회와 죄 사함과 부활의 신앙을 고백하는 내용으로 이루어져 있다.

⑦ 당신 자신의 고백

당신이 평소에 생각한 사도신경의 의미와 오늘 배운 의미를 토대로 이야기 나누어보자.

1. 당신은 이상의 모든 내용이 믿어지는가? 아니면 믿으려고 노력하겠다는 마음인가?

2. 당신이 도저히 믿지 못하겠다는 부분은 어느 부분인가? 구체적으로 이야기해 보자.

신앙은 참으로 귀한 것이다. 사도신경에 나오는 모든 내용들은 우리가 직접 본 것은 아니다. 그러나 성령님의 도우심으로 모든 사실을 믿을 수 있다. 당신이 아직 믿을 수 없는 부분이 있다 하더라도 조금도 이상한 일은 아니다.

말씀나누기 : 사도신경은 선서나 맹세가 아니다.

사도신경은 하나님께 대한 믿음의 선서나 죽기까지 믿겠다는 맹세가 아니다. 그것은 하나님을 향한 사랑의 고백이다. 부부 사이에는 사랑한다는 말을 자주 하는 것이 좋다고 한다. 그것은 부부 사이에 서로를 믿고 사랑한다는 표현이기 때문이다. 부모와 자녀 간에도 사랑한다는 말을 자주 한다. 그렇게 함으로써 사랑은 깊어가고 신뢰가 쌓이며 행복한 가정을 만들어가는 것이다. 이것이 정확한 비유는 아니지만, 사도신경은 마치 그와 같은 것이라고 말할 수 있다. 그것은 하나님을 향한 사랑과 믿음에 대한 고백이다. 이런 고백을 통하여 당신은 하나님의 사랑을 더욱 깊이 확신하고 신앙생활에 승리할 수 있다.

결실맺기

1. 당신이 사도신경을 통하여 새롭게 깨달아 알고 믿게 된 것을 이

야기해보자.

2. 믿어지지는 않지만 기독교의 진리에 대하여 새롭게 알게 된 부분을 말해보자

3. 이제 당신 자신의 신앙고백을 드려보자. 사도신경의 내용 이외에 하나님께서 당신에게만 주신 은혜를 이야기해보자.

사도신경 중에 당신이 믿어지지 않는 부분이 있다 할지라도 그것은 모두 사실이다. 계속하여 사도신경을 암송하면 성령께서 역사하셔서 자연스럽게 믿음이 생길 것이다.

마무리기도

온 천지를 지으시고 우주만물을 주관하시는 하나님 아버지. 이 시간 아버지께 진심으로 감사드립니다. 우리가 이러한 사실들을 모두 믿을 수 있게 된 것은 오로지 하나님의 은혜입니다. 혹시 믿어지지 않는 부분은 성령님께서 역사하셔서 속히 믿을 수 있게 도와

주시옵소서. 하나님, 우리들 각자에게서 원하시는 우리들 자신만의 신앙고백이 이루어지기를 바랍니다. 우리들의 하나님인 동시에 '나'만의 하나님이 우리 생활 가운데 임하시기를 간절히 바랍니다. 신앙고백을 드릴 수 있도록 감동주시니 진심으로 감사드립니다. 우리 주 예수 그리스도의 이름으로 기도드립니다. 아멘.

6. 성경 : 신앙의 필수 영양소

오늘의 이야기 : 수면제

성경수 씨는 이제 6주째 교회에 나온 사람이다. 사실 그는 몇 년 전에 약 1년가량 교회에 다닌 일이 있었다. 그러나 별로 대수롭지 않은 일로 교회출석을 중단하게 되었다가 6주 전에 이웃 교인에게 전도 받아서 나오게 되었다. 성경수 씨가 교회에 나오던 첫날, 몇 년 동안이나 구석에 처박아두었던 성경을 찾아냈다. 먼지가 부옇게 앉아 있는 것을 깨끗이 닦아서 들고 나왔다. 그런데 교회에 가보니까 성경을 가지고 다니는 사람은 별로 없어보였다. 모두가 스마트폰으로 성경을 찾고 있었고 또 대개는 앞의 화면에 나오는 자막을 보면서 예배를 드리고 있었다. 그러나 성경수 씨는 기왕에 가지고 온 성경을 보려고 애를 썼다. 성경구절을 찾아야 하는데 도무지 찾을 수가 없었다.

'나도 다음 주부터는 스마트폰을 가지고 예배드려야 하는 것인가? 저거 사용하려면 연습이 좀 필요하겠는데?'

아무튼 성경수 씨는 새롭게 다시 교회에 나오게 되면서 어떻게 해서든지 집에서 성경을 읽으려고 무척 노력을 했다. 그런데 성경책을 손에 들기만 하면 눕고 싶어지고 누워서 성경을 읽으려고 하면 곧 잠이 들고 마는 것은 어찌할 도리가 없었다. 사실 성경수 씨는 성경이 뭔지를 모르고 있었다. 그 속의 내용과 기

록된 목적, 다른 종교의 경전과는 어떻게 다른지 등을 거의 알
지 못하고 있었고 큰 관심도 없었다. 그냥 성경을 읽는 것이 좋
다고 하니까 읽으려고 노력하는 것이었다. 성경은 성경수 씨에
게는 수면제나 마찬가지였다.

성경수 씨의 이야기를 듣고 당신의 경우를 말해보자.

1. 당신은 성경을 읽은 적이 있는가? 현재 얼마만큼 읽었는가?

2. 성경을 읽은 일이 거의 없다면 그 이유를 이야기해보자.

3. 당신도 성경이 수면제 역할을 한 적이 없었는지 고백해보자.

성경에 대하여 당신이 어떻게 생각해왔으며 또 어떻게 다루어왔
는가를 이야기해보았다. 물론 성경을 읽어야 한다는 것도 알고 성
경이 중요하다는 것도 알지만 현실적으로 마음대로 되지 않았을
것이다. 그러나 그것은 중요하지 않다. 다만 이제 성경에 대한 올

바른 지식을 가지고 하나님의 말씀인 성경을 대할 때 우리에게 역사하시는 말씀의 능력을 깨닫고 힘 있는 신앙생활을 하게 될 것이다.

성경에 대한 내용의 찬송가인 200장의 가사를 읽어보고 뜻을 생각하면서 부르고 나서 이야기를 계속하자.

1. 성경을 주신 목적

성경수 씨는 그래도 그 동안 창세기를 읽었고 신약에서는 마태복음 5장 정도까지 읽었다. 창세기는 그래도 옛날이야기 식으로라도 읽기는 읽었지만, 마태복음은 누가 누구를 낳고, 낳고 하는 것이 너무 많이 나오니까 1장에서부터 질렸다. 성경수 씨는 창세기의 내용만 보면 그것은 신화와 같다고 생각하였다.

'각 민족마다 비슷한 이야기야 얼마든지 있지 않나? 또 구약은 이스라엘의 역사가 아닌가?'

성경수 씨는 성경 속의 이야기가 창조신화이며, 그 속의 이야기들은 이스라엘의 역사라고 생각하고 있었다. 그리고 자세히 읽어보지는 않았지만 성경의 인물들은 지나치게 미화되었을 것이라고 생각했다. 그러나 성경수 씨는 수많은 지식인들, 지도자, 문필가들이 성경에서 지혜를 얻었다는 글들은 가끔 읽었기 때문에 자기가 모르는 어떤 부분이 있을 것이라고 생각하고 있었다.

⟨✣⟩

당신의 경우는 어떠한가? 이야기 나누어보자.

1. 성경수 씨의 이야기 중에서 당신이 공감하는 바는 무엇인가?

2. 성경수 씨의 견해 중 틀렸다고 생각하는 부분을 말해보자.

3. 성경을 하나님의 말씀이라고 하는 것에 대해서 당신의 견해를 이야기해보자. (이사야 34:16)

이제 하나님께서 사람들에게 성경을 주신 이유에 대해 살펴보고자 한다. 다음 말씀을 읽고 성경의 목적을 이야기해보자.

1. 인류가 구원을 얻게 한다. (요한복음 20:31)

2. 생활의 지침을 얻게 한다. (디모데후서 3:16~17)

3. 기독교인의 삶의 영적인 양식이 되게 한다. (마태복음 4:4)

이 밖에도 성경에는 사람의 인생과 신앙의 문제에 대한 모든 해답이 들어있다. 문제점이 생겼을 때 성경을 찾는 이유가 거기에 있는 것이다. 그러나 성경의 최대목적은 온 인류가 예수님을 구세주로 믿고 구원에 이르도록 하는 데 있다.

말씀나누기 : 세상에서 가장 긴 편지

보이지 않으시는 하나님을 사람들이 볼 수 있는 형태로 표현하신 것이 바로 성경이다. 성경 66권은 하나님의 감동하심으로 기록된 책이며, 살아계신 하나님의 말씀으로서 신앙생활의 필수적인 지침이 되는 책이다. 기도를 통해 영적으로 숨을 쉰다면 성경을 통해 영적인 음식을 취하게 되는 것이다. 성경의 내용은 죄와 욕심 가운데 거하면서 불완전하기 이를 데 없는 사람들을 향하여 하나님께서 일방적으로 조건 없는 희생적인 사랑을 내리신 사건들을 기록한 책이므로, 인류 역사상 가장 길고 장대한 연애편지라고 할 수 있다. 다시 말하면 연약하고 죄짓기 쉬운 인간의 부족함과 그 인간을 향하신 하나님의 사랑과 능력을 나타낸 책이 바로 성경인 것이다.

2. 성경의 내용

성경은 불경이나 코란 등과 어떻게 다를까? 다음 비교표를 통하여 성경과 불경의 차이에 대하여 상식적인 선에서 비교해보도록 하자.

	성 경	불 경
저 자		
주 인 공		
읽는 사람		
목 적		
주 체		

진 실 성		
번역된 언어		

성경은 구약과 신약으로 나누어져있는데 구약은 39권, 신약은 27권, 총 66권으로 되어있다. 구약은 율법서 5권, 역사서 12권, 시가서 5권, 선지서 17권으로 구성되어 있고, 신약은 복음서 4권, 역사서 1권, 서신서 21권, 예언서 1권으로 구성되어있다.

이제 성경의 내용에 대하여 구체적으로 살펴보도록 하자.

질문 1 : 구약과 신약이란 무슨 뜻입니까?

질문 2 : 구약의 율법서, 역사서, 시가서, 선지서란 무엇입니까?

질문 3 : 신약의 복음서, 역사서, 서신서, 예언서들은 무엇을 말하며 성경에 서신(편지)이 들어있다는 것은 무슨 뜻입니까?

성경은 이와 같은 구성으로 되어 있는데, 그 주인공은 예수 그리스도이시며 모든 성경의 내용은 인류의 구원에 있다. 또한 숱한 예언들로 구성되어 있어서 인류의 마지막에 될 일들까지 상세하게 기록되어 있다. 성경의 전체 내용은 현대적 의미에서 예수님을 믿는 사람들에게 보내어진 것이다. 성경말씀은 각자에게 알맞은 모습으로 역사하셔서 하나님의 뜻을 알게 해 주시고 갈 길을 깨닫도록 역사하시며 잘못된 길에서 돌이킬 수 있도록 감동을 주신다.

"너희가 성경에서 영생을 얻는 줄 생각하고 성경을 연구하거니와 이 성경이 곧 내게 대하여 증언하는 것이니라"(요한복음 5:39)

말씀나누기 : 성경의 역사

성경은 예수님이 태어나기 1,500여 년 전부터 기록되기 시작해서 예수님 탄생 100여 년 후에까지, 1600여 년 동안 기록된 책이다. 배경과 직업이 전혀 다른 40여 명의 다양한 저자들에 의해 세계 각국에서 기록되었으며, 언어도 3개 국어(히브리어, 헬라어, 아람어)가 사용되었다. 그러면서도 그 주제는 일관되게 예수 그리스도 한 분으로 집약되어 있는 살아있는 말씀이다. 성경은 동물의 가죽이나 나무껍데기 등에 베껴 기록하는 방식으로 전수되다가 지금은 그 원본은 사라지고 사본들만 남아서 각국 언어로 번역되어 오늘에 이르렀다. 우리나라의 성경은 1611년 헬라어성경에서 영어로

번역된 것을 원본으로 하여 1877년 요한복음과 마가복음이 해외에서 번역되었고 1887년에 최초로 신약성경전서가 발간되었다. 외국 선교사들과 우리 성도들의 피나는 노력으로 한국어로 번역되었던 것이다.

3. 성경과 나

성경수 씨는 6주째 교회에 나오면서 힘은 들었지만 그래도 성경을 조금씩 읽어가게 되었고, 성경을 자주 펼치다보니 전체적인 내용도 머릿속에 들어오기 시작했다. 그러나 아직도 읽어야 된다니까 읽는 것이지 성경의 묘미를 느끼면서 읽는 것은 아니었다. 성경수 씨는 성경을 읽는다는 것이 자기마음대로 되지 않는다는 사실을 깨달을 수 있었다. 또한 자기의지대로 읽어도 마음에 감동을 받기는 힘들다는 사실도 알게 되었다. 그래서 성경수 씨는 성경을 읽기 전에 꼭 기도하고 읽기 시작했다. 하지만 그것으로도 만족되지 않았다. 어쨌든 성경수 씨는 성경말씀의 필요성을 느끼면서 점차 살아계신 말씀을 대하는 즐거움을 조금씩 알아가고 있었다.

성경수 씨는 이제 성경말씀을 읽는 방법을 알기를 원하고 있다. 다음은 성경말씀을 대할 때 온전히 자기 자신에 대한 말씀으로 받아들이는 방법에 대하여 기록한 내용이다. 성경말씀을 찾아 기록해 보고 깊이 생각해보자.

1. 설교를 잘 듣고 성경 말씀을 깨닫는다. (느헤미야 8:5, 8~9上)

2. 구역예배(순모임, 목장모임) 등 소그룹 모임을 통하여 성경을 공부한다. (사도행전 2:46)

3. 성경말씀을 조금씩이라도 매일 읽는다. (신 6:6~7)

4. 말씀을 깨닫게 해달라고 기도드리고 읽는다. (시편 119:18)

5. 하나님의 말씀에 순종하려는 마음으로 읽는다. (여호수아 1:8)

성경말씀에는 사람의 마음을 감동시키고 변화시키는 힘이 있다. 왜냐하면 성경은 하나님의 약속의 말씀들이므로 그 약속을 붙잡고 기도할 때 하나님께서 약속을 지켜 응답하시기 때문이다.

결실맺기

1. 당신이 이제까지 성경을 대하던 자세에 대하여 말해보자.

2. 오늘 깨달은 부분을 숨김없이 고백해보자.

3. 성경에 대한 당신의 새로운 결심을 이야기해보자.

성경말씀을 읽지 않으면 영적인 음식을 먹지 않는 것이므로 영적으로 영양이 결핍되어 잘 성장하지 못하고 이상한 형태의 믿음을 가지게 되기 쉽다. 살아계신 하나님의 말씀을 늘 가까이 하자.

마무리기도

살아계신 하나님 아버지. 우리의 영혼을 사랑하여 구원하시기 위해 독생자 예수 그리스도를 보내어주시고 성경을 통해 하나님이 누구신지, 어떻게 살아야 하는지 분명히 알 수 있도록 은혜주심을 감사드립니다. 영혼의 양식인 성경을 날마다 읽고 하나님의 말씀대로 사는 건강한 성도가 되게 하시고, 우리가 살아가는 동안 성경에 약속하신 말씀대로 풍성한 복을 누릴 수 있도록 은혜를 베풀어주옵소서. 삶의 등불과 빛인 성경말씀으로 언제나 우리를 선하게 인도하시는 예수 그리스도의 이름으로 기도드립니다. 아멘.

7. 헌금 : 하나님의 것을 하나님께

오늘의 이야기 : 회비와 기부금

세무 공무원인 구일조 씨는 오늘로서 7주째 교회에 출석한 사람이다. 그는 기독교인들이 세금신고를 할 때 1년 동안 교회에 헌금한 것을 기부금 항목으로 신고하여 세금을 면제받는 것을 봐 왔는데, 사람에 따라서는 그 액수가 상당하였다. 그는 속으로 생각하기를 교회에 다니려면 돈을 좀 벌어놓고 나가야겠다고 생각했다. 그는 교회에 다니고 싶은 마음이 늘 있었는데, 그것은 정신적인 갈급함 때문이었다. 그러나 구일조 씨가 교회에 선뜻 나가지 못했던 것은 돈이 많이 들 것이라고 생각했기 때문이다. 그러므로 전도를 받아서 교회에 처음 출석하게 된 구일조 씨는 헌금이 가장 신경 쓰였다. 세 번째 주에 보니 자기이름이 기록된 주정헌금봉투와 십일조봉투가 있었는데 1년 동안 매주 도장까지 찍게 되어 있었다. 구일조 씨는 그것을 회비봉투라고 생각했다.

'그래, 무슨 모임이든지 회비 없는 모임이 없고, 또 회비를 내야 목사님 생활도 하실 거고, 이 예배당 유지하려면 돈이 있어야 하니까 교회에 돈을 내는 게 당연하지.'

이렇게 스스로 마음을 넓게 먹기로 하였다. 구일조 씨는 또 감사헌금봉투를 보고 기부금봉투라고 생각했다. 그러면서 그는 선한 일에 쓰기 위해 돈을 기부하면 하나님도 좋아하셔서 가정에 걱정거리가 없고 가족들이 건강하며 생활도 풍족해지고 만사도 잘되게 하실 것이라고 생각했다.

구일조 씨의 이야기를 듣고 평소에 당신이 생각해왔던 것들을 솔직하게 이야기해보자.

1. 당신은 구일조 씨와 동일하게 생각한 적은 없었는가?

2. 구일조 씨의 생각 중 틀렸다고 생각하는 부분은 무엇인가?

3. 당신은 헌금할 때 사회단체에 기부하는 것처럼 자랑스러운 마음으로 한 경우는 없었는가?

4. 헌금과 기부금은 어떤 차이가 있는지 당신의 의견을 말해보자.

당신은 지금까지의 헌금에 대한 당신의 생각을 이야기해보았다. 헌금에는 비기독교인들, 또는 기독교인들조차도 자칫 빠지기 쉬운 함정이 있다. 그러나 참된 의미를 알면 마음에 조금도 거리낌이 없게 될 것이다.

찬송가 50장의 가사의 뜻을 생각하며 불러보자. 여기서 '모든 것을 드린다'는 의미는 '모든 것은 하나님의 것이라는 마음으로'라고 해석하면 된다.

1. 헌금의 의미

구일조 씨는 그래도 교회에 드려지는 헌금은 기부금과는 뭔가 다른 점이 있을 것이라고 생각했다. 왜냐하면 그것은 하나님께 바쳐지는 것이라고 하기 때문이었다.

'왜 돈을 바쳐야 되는 걸까? 다른 물건이나 봉사하는 것은 어떻게 되는 거지?'

그러다가 구일조 씨의 머리에는 절에서 시주하는 것이 생각났다. 또 가정에서 제사드릴 때에 각종 제물을 준비하는 것도 생각났다.

'그러면 시주하는 것과 헌금은 어떻게 다르고, 또 제사상 차리는 것과는 어떻게 다르지? 예배는 제사와 같은 거라고 했는

데, 그러면 헌금은 제물과 같은 것인가?'

구일조 씨의 머릿속이 복잡해지기 시작했다.

구일조 씨의 생각과 당신의 생각을 비교하면서 질문에 대답해보
자.

1. 구일조 씨의 생각 중 당신의 생각과 같은 부분이 있는가?

2. 당신이 보기에 구일조 씨의 생각 중 틀린 부분은 어느 것인가?

3. 당신은 지금까지 어떤 마음으로 헌금을 드렸는지 솔직하게 이
야기해보자.

헌금이란 하나님 앞에 드려지는 여러 가지 형태의 예물 중 하나
이다. 우리의 모든 것은 하나님께 받은 것이기에, 우리에게 있는
어떤 것이라도 기꺼이 드릴 수 있어야 한다. 시간, 재능, 노력, 희
생, 봉사 등 많은 형태의 드릴 것 중 헌금은 돈으로 드리는 것이다.

그것은 내 것을 드리는 것이 아니라 하나님께 받은 것을 하나님의 일을 위해 사용되도록 다시 하나님께 드리는 것이다.

헌금에 대해서 다음의 성경구절들을 찾아보고 그 의미를 이야기 해보자.

1. 감사의 표시로 드리는 것이다. (신명기 16:15~17)

2. 헌신의 표현으로 드리는 것이다. (역대상 29:16)

3. 하나님나라의 저축으로 드리는 것이다. (마태복음 6:19~20, 10:42)

4. 향기로운 제물로 드리는 것이다. (빌립보서 4:18)

5. 주님 사업에 동참하기 위해 드리는 것이다. (고린도후서 8:2~5)

이와 같이 헌금에는 여러 가지 의미가 있는데, 중요한 것은 세상의 모든 물질이 모두 하나님의 소유라는 것이다. 하나님께서 돈이 필요해서 헌금하라는 것이 아니고 복 주시기 위해서 하라는 것이다.

말씀나누기 : 하나님이 우리에게 주신 것

우리는 하나님께서 좋은 선물들을 베풀어주신 것을 안다. 공기, 햇빛, 물, 음식, 노을, 꽃 등의 일반적인 것과 우리의 가정, 가족, 교회, 이웃, 성도들 등의 특별한 것 모두가 감사해야 할 내용이다. 그 중 가장 놀라운 선물은 하나님이신 예수님께서 우리 죄를 대신해 십자가에 못 박혀 죽으심으로써 우리의 죄를 사해주시고 우리에게 베풀어주신 구원이라는 선물이다. 어떤 악조건이 있다 해도 구원의 선물에 대해 조금이라도 감사의 표시를 하는 것이 성도의 도리일 것이다. 감사의 표시는 몸으로 드리는 헌신과 물질로 드리는 헌금으로 할 수 있다.

2. 헌금의 종류

구일조 씨는 교회에 7주간 나오면서 헌금의 종류에 놀랐다.

그가 따져본 것만 해도 주일헌금, 주정헌금, 십일조, 선교헌금, 건축헌금, 생일감사헌금, 감사헌금, 추수감사헌금, 성탄절감사헌금, 부활절감사헌금 등을 꼽을 수 있었다. '도대체 헌금이 이렇게 종류가 많은데, 그걸 다 내려면 얼마나 돈이 필요할까?' 구일조 씨의 마음이 조금 무거워졌다.

'그렇게 돈을 많이 걷어서 어디에다 다 쓰는 걸까? 혹시 목사가 마음대로 다 써버리는 게 아닐까?'

물론 구일조 씨도 그렇지 않다는 것을 알고 있었다. 어쨌거나 구일조 씨는 각종 헌금의 의미나 알면서 드리고 싶었다.

❧❦✝❦❧

헌금에 대한 구일조 씨의 생각을 읽어보고 당신의 경우를 이야기해 보자.

1. 당신은 구일조 씨와 같은 마음일 때가 없었는지 이야기해보자.

2. 당신은 헌금 때문에 마음에 상처받은 경우가 없었는가? 그럴 때 어떻게 해결하였는가? (눅 21:4)

헌금의 종류는 네 가지이다. 이제 그 의미에 대해서 살펴보자.

질문 1 : 주일헌금의 의미는 무엇입니까?

질문 2 : 십일조를 드려야 하는 이유는 무엇입니까?

질문 3 : 감사헌금은 어떤 경우에 드리는 것입니까?

질문 4 : 선교헌금 및 특별헌금은 무엇을 말합니까?

불교의 시주나 유교의 제사상, 기독교의 헌금의 차이에 대한 의견을 말해보자.

	헌금	시주	제사상
대상			

목적			
소유자			
관리자			
사용처			

같은 돈이라도 누구에게 드리느냐에 따라 중요한 차이가 있다. 헌금은 하나님께 드리는 것이다.

말씀나누기 : 헌금이 사용되는 곳

하나님께 드리는 헌금들이 기쁨과 감사함으로 드려질 때 향기로운 제물이 되어 올리어져 각양 은혜로 되돌아온다. 그리고 교회적으로는 대체로 다음과 같은 곳에 사용된다.

1. 목사, 전도사 및 사무간사 등의 사례비, 활동비로 쓰인다.

2. 전도와 선교에 필요한 물품제작과 후원금으로 사용된다.

3. 주일학교, 학생회 등의 기독학생 교육비와 활동비로 쓰인다.

4. 교회의 각종 관리비, 수리비, 시설비, 운영비 등으로 사용된다.

5. 가난한 사람들을 돕는 구제비와 각종 부조금으로 쓰인다.

3. 하나님께서 기뻐하시는 헌금

❧✝❧

구일조 씨는 누군가에게서 이런 이야기를 들은 일이 있었다. 그것은 헌금을 드려도 하나님께서 받으시는 헌금과 안 받으시는 헌금이 있다는 것이었다. 그래서 구일조 씨는 헌금을 드릴 때에도 될 수 있으면 기도하고 미리 준비하여 드리려고 노력하고 있었는데, 그것이 마음대로 되지는 않았다. 그래도 그는 가능하면 깨끗한 돈을 준비했으며, 우선은 마음에 허락되는 대로 조금씩 헌금하고 있었다. 그의 직업상 이런 것을 쉽게 깨달을 수 있었던 것이다.

❧✝❧

헌금할 때 하나님은 우리의 마음을 원하신다. 다음은 하나님께서 기뻐 받으시는 헌금의 자세들이다. 당신은 어떻게 헌금하고 있는지 점검하며 솔직하게 이야기해보자.

1. 하나님의 것을 하나님께 드린다는 겸손한 마음으로 바치는가? (고린도후서 8:3~5)

2. 은혜에 보답하는 마음과 감사하는 마음으로 드리는가? (말라기 1:8)

3. 미리 깨끗한 돈을 봉투에 준비해서 드리는가? (고린도후서 9:5)

4. 마음에 정한 대로 내고 체면으로 눈치껏 내지는 않는가? (누가복음 21:1~4)

5. 형편대로 하되 자기 힘닿는 대로 드리는가? (레위기 5:7, 11)

6. 마음에 허락되지 않는데 억지로 헌금하는가? (고린도후서 9:7)

하나님은 진정한 마음으로 하나님께 드리는 사람을 더 사랑해 주셔서 그 드린 것의 몇 갑절이라도 갚아주신다. 물론 갚아주실 것을 기대하고 드린다면 그것은 하나님께 최선을 다하는 태도는 아니다. 오직 감사하는 마음으로 받을 보상을 생각하지 말고 자신이 가진 것 중 첫 번째 것과 가장 좋은 것으로 드리는 자세가 올바른 헌금 자세이다.

결실맺기

1. 오늘 우리가 배운 헌금에 대하여 당신이 깨달은 바를 이야기해 보자.

2. 지금까지 드려오던 헌금 자세에서 당신이 고쳐야 할 점을 이야 기해보자.

3. 혹시 헌금을 하고 나서 다른 사람이 알아주기를 은근히 기대했 던 적이 없었는지 말해보자.

말씀나누기 : 헌금은 하나님께서 제정하셨다.

하나님께 돈이 필요하실 리도 없는데 왜 헌금을 제정하셨을까? 하나님은 헌금이라는 물질이 필요하신 것이 아니라 그 헌금을 드리는 사람의 마음을 받으시는 것이다. 하나님께서 헌금하는 사람의 마음을 받으시면 다음에는 어떻게 하시는가? 반드시 보상해주신다는 사실을 알아야 한다. 하나님의 보상은 두 가지로 나타난다. 하나는 이 땅에서의 세상적인 보상이요, 다른 하나는 하늘에서의 영원한 상급이다. 모든 헌금은 살아계신 하나님께 드리는 것이다. 그렇게 하나님께서 받으신 후에 그 목적에 따라 사용하는 것이다. 교회 운영이나 다른 목적에 쓰도록 사람에게 기부하는 자랑스러운 마음으로 드려서는 안 된다. 올바른 마음과 자세로 드려서 하나님이 기뻐 받으시는 헌금이 되도록 해야 할 것이다.

마무리기도

하나님 아버지. 우리는 하나님께 감사할 일밖에 없습니다. 우리는 아무런 자격도 없고 권리도 없지만 하나님께서 우리를 위하여 예비해 놓으신 그 숱한 은혜를 감사할 줄 아는 성도가 되게 하옵소서. 하나님, 우리가 헌금할 때에 정말 하나님께 감사하는 마음으로 드리게 하시고, 기쁨과 믿음으로 헌금할 수 있게 하옵소서. 우리에게 복주시기 위하여 헌금을 드릴 수 있는 기회를 주셨으니 우리가 이 기회를 이용하여 하늘의 영적인 신령한 축복과 함께 세상에서 하나님과 더 깊게 교제하는 복도 누릴 수 있게 하옵소서. 예수 그리스도의 이름으로 기도드립니다. 아멘.

8. 주기도문 : 너희는 이렇게 기도하라

오늘의 이야기 : 주기도문 암송하기

배옥란 씨는 이제 8주째 교회에 나오는 사람이다. 그녀는 몇 주 전부터 구역예배를 드리기 시작했는데, 교회에서 예배드릴 때와는 달리 예배를 마칠 때 주기도문이라는 것을 암송한다는 것을 알았다. 그리고 교인이라면 그것을 꼭 외워야 한다고 하였다. 그래서 배옥란 씨는 찬송가 맨 앞에 기록되어있는 주기도문을 열심히 외웠다. 별로 길지 않아서 어렵지 않게 외울 수 있었다. 어느 날인가 교회에서 심야예배가 있다면서 구역장 집사님이 한 번 와보라고 하기에 난생 처음으로 심야기도회에 나갔다. 설교말씀이 끝나고 기도하는 시간이 되었는데, 목사님이 기도제목을 내놓으면 전 성도들이 큰 소리로 기도하기를 몇 차례 반복하더니 이제 개인기도 시간이라면서 각자의 기도제목을 가지고 기도하라고 하였다.

배옥란 씨는 도대체 기도를 어떻게 해야 좋을지 알 수 없었다. 그렇다고 잠잠히 있을 수도 없어서 주기도문을 계속 외우기로 했다. 그리하여 처음에는 속으로 입술만 움직여서 주기도문을 외우다가 차츰 소리를 내게 되었고, 나중에는 다른 교인들처럼 큰 소리로 주기도문을 외우게 되었다. 기도소리가 차츰 작아지기에 배옥란 씨도 주기도문 외우기를 멈추었다. 마치고 나오면서 구역장 집사님이 칭찬을 늘어놓았다.

"어머, 배옥란 씨는 초신자가 아닌가봐. 무슨 기도를 그렇게 잘 하지? 이제 계속 좀 나와서 기도 좀 많이 하세요."

✿✿✿†✿✿✿

교회에 처음 나온 사람이 적응하기 힘들어하는 것들이 여러 가지 있는데, 사도신경과 주기도문도 그 중 하나일 것이다. 다른 사람은 전부 한 목소리로 무엇인가를 외우는데 자기만 입을 다물고 있기가 얼마나 힘들겠는가? 그러나 주기도문은 예수님께서 친히 가르쳐주신 기도의 모델이다. 주기도문을 바로 알지 않고는 하나님의 뜻에 합당한 기도를 드리기가 쉽지 않을 것이다.

배옥란 씨의 이야기를 통해 주기도문의 의미와 내용에 대해 살펴보자.

1. 당신은 주기도문을 외우고 있는가? 함께 암송하고 기록해보자.

2. 당신은 배옥란 씨처럼 기도를 할 줄 몰라서 주기도문을 많이 외운 적은 없는가? 그 결과가 어떠했는가?

3. 당신은 주기도문에 대하여 생각해본 적이 있는가? 어떤 점을 느꼈는가?

우리는 주기도문을 통하여 우리가 무엇을 구해야 하고 어떻게 구해야 하는지를 배울 수 있다. 기도는 우리 문제의 해결만을 구하거나 축복을 구하는 것이 아니라 먼저 하나님의 뜻이 이 땅에 이루어지기를 간구해야 하는 것이다.

찬송가 10장의 가사를 읽은 후 뜻을 생각하면서 부르고 이야기를 계속하자.

1. 주기도문의 의미

배옥란 씨는 그렇게 주기도문을 반복하여 외우면서 얼핏 주문을 외우는 것 같은 생각이 들기도 했다. 그러나 분명한 것은 심야기도회를 마치고 나올 때 자기도 알 수 없는 기쁨과 평안이 가득하였다는 점이었다. 그리고 그 후로는 자기도 모르게 짧지만 그래도 기도라는 것을 조금씩 할 수 있게 되었다. 그러나 배옥란 씨는 주기도문이 주문처럼 외웠다고 해서 효과가 있는 것은 아닐 것이라고 생각하고 있었다. 주기도문을 밤새 외우다가 방언은사를 받았다는 이야기도 들었지만 그것은 하나님이 역사하셔서 그렇게 된 것이지 주기도문 자체를 외웠다고 그렇게 되는 것은 아니라고 생각했다.

다음의 질문에 답을 하면서 주기도문에 대해 더 알아보자.

1. 당신은 배옥란 씨의 이야기를 어떻게 생각하는가?

2. 몇 주 전에 살펴보았던 사도신경과 주기도문은 어떤 차이가 있을까?

주기도문은 주기도문 자체에 힘이 있는 것이 아니라 모범적인 기도의 순서와 원리를 가르쳐주는 내용이다.

1. 우리가 암송하는 주기도문의 내용은 성경의 어느 곳에서 찾을 수 있는가? (마태복음 6:9~13)

2. 주기도문은 누가 가르쳐 준 기도문인가? (누가복음 11:1)

3. 예수님께서 주기도문을 가르쳐주신 이유는 무엇이겠는가? (마태복음 6:5~8)

주기도문 속에는 기도의 대상, 기도의 우선순위, 우리가 기도해야 할 주요내용 등이 함축되어 있다. 예배의 공식적인 대표기도에서도 그 원리를 따라서 기도하면 좋을 것이다. 전체적으로는 하나님의 영광을 위한 기도와 우리의 삶은 위한 기도로 크게 나눌 수 있다. 여기에 대하여 상세하게 살펴보기로 하자.

2. 하나님의 영광을 위한 기도

주기도문의 전반부는 하나님께 대한 기도이다. 기도의 우선순위는 하나님나라를 위한 기도이다. 그래서 예수님도 먼저 그 나라와 그 의를 위하여 기도하라고 하셨다. 그 내용을 살펴보자.

① 하나님의 통치

"하늘에 계신" (개역개정)
"하늘에 계신" (새번역)

■ 우리의 기도의 대상은 하늘에 계신 하나님이다.
■ 하나님은 온 우주를 다스리시는 전능하시고 거룩하신 분이다.
■ 하나님은 사랑으로 가득하신 분이다.

나눔 1 : 하늘에서 온 우주를 지배하시는 하나님과 내가 연결되어 있다는 느낌을 가진 적이 있는가?

나눔 2 : 하나님을 실감했을 때의 경험을 이야기해보자.

② 우리와의 관계

"우리 아버지여" (개역개정)
"우리 아버지," (새번역)

■ 아무리 사랑과 능력이 많아도 우리와 관계가 있어야 한다.
■ 그 사랑과 능력의 하나님은 우리의 아버지가 되신다.

나눔 1 : 나는 하나님을 진짜 아버지라고 생각하고 느끼고 있는
가?

나눔 2 : 언제 아버지처럼 친근한 하나님으로 다가오셨는가?

나눔 3 : 그 밖에 하나님을 어떤 분이라고 말할 수 있는가?

③ 여호와의 이름의 권세

"이름이 거룩히 여김을 받으시오며" (개역개정)
"아버지의 이름을 거룩하게 하시며" (새번역)

■ 하나님의 이름이 거룩히 되시기를 기도드린다.
■ 그것은 성도들의 신앙생활을 통하여 그렇게 될 수 있다.
■ 신앙생활이란 찬송과 예배, 말씀에 순종, 하나님 일에 복종하는
모든 것을 포함한다.
■ 이런 신앙생활을 통하여 하나님께 영광 돌릴 때에 하나님의 이
름이 거룩히 여김을 받으시는 것이다.

■ 이러한 모든 일들은 교회뿐만 아니라 가정, 일터에서 두루 이루어져야 한다.

나눔 1 : 나는 여호와의 이름을 망령되이 일컬었던(제3계명) 적은 없었는가? (예를 들어 하나님을 믿는다고 하면서 성도답게 살지 못할 때 등.)

나눔 2 : 내가 생활 속에서 하나님의 이름을 높여드린 적이 있다면 이야기해보자. (자랑이 아니라 하나님께 다시 한 번 영광을 돌려드리기 위함이다.)

④ 하나님나라의 임재

"나라이 임하옵시며" (개역개정)
"아버지의 나라가 오게 하시며," (새번역)

■ 나라는 좁은 의미로는 하나님의 나라, 즉 천국을 의미한다.
■ 나라는 넓게는 주님이 왕이 되셔서 다스리시는 세계를 뜻한다.
■ 나라가 임하신다는 것은 이 땅에 (일시적인) 천국이 이루어지는 것을 말한다.

■ 그것은 하나님의 말씀과 성령의 역사가 이 세상을 다스리시기를 바란다는 뜻이다.

■ 그렇게 되면 모든 악이 소멸되고 완전한 평화가 오는 것이다.

나눔 1 : 나의 마음에는 하나님의 나라가 임하여 있는가?

나눔 2 : 나는 하나님의 통치를 받는 생활을 하고 있는가?

⑤ 하나님의 뜻의 성취

"뜻이 하늘에서 이룬 것같이 땅에서도 이루어지이다" (개역개정)
"아버지의 뜻이 하늘에서와 같이 땅에서도 이루어지게 하소서." (새번역)

■ 하늘나라에서 하나님의 모든 뜻이 이루어진 것처럼 이 땅에서도 그대로 되기를 원하는 기도이다.

■ 특히 사람들에게 맡겨진 사명을 통하여 하나님께 영광 돌려지기를 원하는 기도이다.

나눔 1 : 나를 향하신 하나님의 뜻은 무엇일까 이야기 나누어보자.

나눔 2 : 보편적인 하나님의 뜻은 성도들로 하여금 영혼을 구원하는 일에 동참하게 하는 것이다. 나는 얼마나 영혼구원에 헌신된 모습을 가지고 있는가?

이상과 같이 우리 성도들은 하나님께 대한 영광과 이 땅에 천국이 이루어지기를 바라는 기도를 먼저 드려야 한다. 이제 기도에 대한 당신의 생각을 정리해보자.

1. 당신은 기도할 때 가장 먼저 무엇을 구하였는가?

2. 당신이 가장 먼저 기도해야 할 제목은 무엇이라고 생각하는가?

우리는 먼저 교회를 위하여, 기관을 위하여, 구역을 위하여 기도해야 한다. 그리고 나라와 민족을 위하여도 기도해야 한다. 그렇게 하고 나서 우리의 개인적인 기도를 드리는 것이 바른 순서이다. 그렇다고 우리 개인을 위해 기도하는 것이 잘못된 것은 결코 아니다.

이제 우리의 삶을 위한 주기도문을 살펴보자.

3. 우리의 삶을 위한 기도

주기도문의 후반부는 사람을 위한 기도로서, 먹고 입을 것, 죄의 문제, 승리하는 삶을 위한 기도들이다.

⑥ 일상의 주관자

"우리에게 일용할 양식을 주옵시고" (개역개정)
"오늘 우리에게 일용할 양식을 주시고," (새번역)

■ 기독교는 현실적인 문제를 중요시한다.

■ 기독교는 천국만을 바라보며 무조건적인 희생을 요구하는 종교가 아니다.

■ 주님은 땅의 것을 소홀히 하라고 가르치지 않으셨다.

■ 이 기도는 먹을 것을 위한 것만은 아니다.

■ 이 기도는 우리가 이 세상에서 살면서 육신과 생활을 위해 필요한 것을 구하라고 가르쳐주신 것이다.

■ 또한 이 기도는 모든 것에 대해 하나님과 늘 교제하고 대화하라는 명령이다.

나눔 1 : 나는 생활에 필요한 것에 대하여 얼마나 하나님께 구하고 있는가?

나눔 2 : 내가 가장 염려스러워하는 것은 무엇인가?

⑦ **용서의 사랑**

"우리가 우리에게 죄 지은 자를 사하여 준 것같이
우리 죄를 사하여 주옵시고" (개역개정)
"우리가 우리에게 잘못한 사람을 용서하여 준 것같이
우리 죄를 용서하여 주시고," (새번역)

■ 하나님은 믿음으로 우리 죄를 고백하면 반드시 사면해 주신다.

■ 죄를 사하신다는 것은 지은 죄를 깨끗이 잊어버리시고 죄의 흔적도 없이 만들어주신다는 뜻이다.

■ 그러나 자기에게 죄 지은 사람을 먼저 용서해야 자신의 죄도 하나님으로부터 용서받을 수 있다.

■ 이것이 죄를 사함 받는 방법이다.

나눔 1 : 나는 인간관계의 갈등이 생겼을 때 어떤 식으로 처리해 가고 있는가?

나눔 2 : 최근에 인간관계 속에서 내 마음을 가장 아프게 한 일이
있다면 서로 이야기해보자.

⑧ 신앙의 승리를 위하여

"우리를 시험에 들게 하지 마옵시고 다만 악에서 구하옵소서" (개역개정)
"우리를 시험에 빠지지 않게 하시고 악에서 구하소서." (새번역)

■ 우리에게 다가오는 한 가지 시험(temptation)은 사탄의 세력이
주는 것으로, 성도들을 파멸시키고 재앙을 주기 위한 시험이다.

■ 다른 하나는 하나님께서 우리에게 복 주시기 위하여 훈련과 연
단으로 허락하시는 시험(test)이다.

■ 이 기도는 사탄이 주는 파멸과 재앙의 시험(유혹)에 빠지지 않게
해 달라는 기도이다.

■ 악에서 구해달라는 것도 사탄의 유혹에서 비롯되는 악에서 구해
달라는 기도이다.

■ 우리를 죄악과 방탕에 빠지게 하는 악에서 구원받게 해 달라는
기도이다.

나눔 1 : 최근에 나를 시험에 빠뜨렸던 것이 있다면 이야기해보자.

나눔 2 : 영적인 면에서 나에게 가장 큰 약점이 되는 부분이 있다
면 이야기해보자.

⑨ 항상 하나님께만 영광

"대개 나라와 권세와 영광이 아버지께 영원히 있사옵니다." (개역개정)
"나라와 권능과 영광이 영원히 아버지의 것입니다." (새번역)

■ 나라와 권세는 하늘과 땅에 있는 영적, 육적인 모든 나라를 뜻
한다.
■ 영광은 하나님께서 사람과 천지만물과 천사들로부터 받으실 영
광을 말한다.
■ 이 기도는 이러한 모든 나라, 권세, 영광이 성부 하나님께 영원
히 세세무궁토록 존재한다는 고백이며 선서이다.

나눔 1 : 나는 영원하신 하나님에 비하면 얼마나 무능하고 연약한
존재인가 이야기 나누어보자.

나눔 2 : 그 영원하신 분에게 나는 얼마나 헌신되어 있는지 이야기해보자.

⑩ 동의와 확신

"아멘" (개역개정)

"아멘" (새번역)

■ 이상과 같은 모든 기도의 내용에 전적으로 동의한다는 뜻이다.

■ 진실로 이러한 세계가 이루어지기를 원한다는 의미이다.

■ 동시에 그러한 세계가 이루어지기 위하여 충성과 헌신을 다짐한다는 뜻을 포함하고 있다.

나눔 : 당신은 아멘을 할 때 어떤 생각으로 하는지 이야기해보자.

이와 같이 하나님의 뜻을 알 수 있는 주기도문을 우리 기도와 생활의 중심으로 삼아야 할 것이다.

결실맺기

당신은 주기도문을 통하여 기도의 모델을 살펴보았다.

1. 오늘 당신이 새롭게 깨달은 점을 이야기해보자.

2. 이제부터 당신은 어떤 기도를 드릴 것인지 이야기해보자.

3. 이 주기도문을 모델로 하여 당신 자신의 기도를 해보자.

우리가 이 주기도문을 진실한 마음으로 암송할 때 우리 심령에 하나님의 역사가 나타날 것이다. 아울러 그에 합당한 열매가 나타나고 하나님께 영광 돌리며 하나님께서 주시는 복을 받는 성도들이 될 것이다.

마무리기도

하나님 아버지. 우리에게 주기도문을 가르쳐주셔서 올바르게 기도하는 방법을 알려주시니 감사합니다. 우리가 기도하는 목적이 하나님나라가 이루어지기를 위한 기도가 되게 하여 주시옵소서. 그리하여 우리들이 하나님의 나라에서 영원히 지낼 수 있는 날이 이르기를 간절히 바랍니다. 하나님. 먼저 그 나라와 그의 의를 위하여 기도하라고 주님은 가르쳐주셨습니다. 그렇게 할 때 하나님께서 나머지 필요한 기도에 응답해주실 줄 믿습니다. 우리를 하나님의 자녀 삼아주시고 기도할 수 있는 특권을 열어주시니 진심으로 감사드립니다. 기도의 모범을 보여주신 예수 그리스도의 이름으로 기도드립니다. 아멘.

9. 하나님 : 스스로 계신 분

오늘의 이야기 : 옥황상제

조용해 씨는 이제 교회에 나온 지 두 달쯤 되는 사람이다. 그는 교회에 다닐 마음이 전혀 없었는데, 동네 테니스클럽 회원 한 사람이 끈질기게 권유하는 바람에 마지못해 한 번 나왔다가 계속 다니게 되었다. 그런데 그가 가장 이해할 수 없는 것은 바로 하나님이었다. 그가 영혼의 존재까지 부인하는 것은 아니었지만, 하나님은 볼 수도 만질 수도 없는 영적인 존재라는데, 조용해 씨로서는 도대체 실감나지 않고 믿어지지 않았다. 하나님은 신(神)이신데, 사람들의 일에 이러쿵저러쿵 관여하신다는 것이 이치에 맞지 않는다고 생각하고 있었다. 신이라면 사람의 모든 일을 초월해계시는 분인데, 그렇게 사람처럼 화도 내고 기뻐하기도 하고 벌도 내린다는 것이 도무지 이해가 되지 않았다. 그렇다면 옥황상제나 산신령과 무엇이 다르단 말인가?

그리고 또 하나님도 아들이 있고 하나님의 영이 있어서 세 분이 한 분이면서 또 각각 존재하신다는 이야기도 수긍이 가지 않았다. 그것이 어떻게 가능하단 말인가? 그것뿐만 아니라 신이신 하나님을 아버지라고 부르는데, 어떻게 육신을 가진 인간의 아버지가 하나님이 될 수가 있단 말인가? 조용해 씨는 이런저런 의문 가운데 있었지만 그래도 예배를 통하여 뭔가 평안을 느낄 수 있었고 알 수 없는 기쁨도 조금씩 생기는 것 같아서 교회출석을 계속하고 있었다.

✙

하나님에 대한 조용해 씨의 이야기를 듣고 당신이 평소에 생각해왔던 것들을 이야기해보자.

1. 당신은 조용해 씨의 생각 중 어느 부분에 공감하는가?

2. 조용해 씨의 생각 중 틀렸다고 생각되는 부분을 말해보자. 왜 그렇게 생각하는가?

3. 당신은 옥황상제나 산신령이 존재할 수 있다고 생각하는가?

하나님은 실재하시는 분이시다. 현실적으로 우리 생활 가운데에서 임재하고 계신다. 지금까지 당신이 하나님에 대하여 잘못 생각해온 부분이 있다할지라도 그것은 중요하지 않다. 하나님은 당신이 어떤 생각들을 가져왔든지 당신을 뜨겁게 사랑하고 계시기 때문이다.

찬송가 478장의 가사를 읽고 내용을 생각하면서 부른 후 이야기를 계속하자.

1. 하나님은 어떤 분일까?

✢

조용해 씨는 교회에 9주째 출석하면서 하나님에 관한 의문점들을 나름대로 해결해가려고 애쓰고 있었다. 아직도 하나님이 사람들처럼 인격을 가지셨다거나 소위 삼위일체론, 또 우리의 아버지가 되신다는 점들에 대해서는 확신을 가진 것은 아니었지만, 그분의 존재를 확신할 수 있었고 성경을 통하여 사람에게 역사하신다는 것도 믿을 수 있을 것 같았다. 다만 전지전능하신 하나님의 능력에 대해서는 옛날이야기에 나오는 요술쟁이의 능력과 혼동하고 있는 부분이 있다는 것을 발견하였다. 요정이라든가 도깨비의 능력은 비록 지어낸 이야기라 할지라도 많은 사람들의 마음속에 무의식적으로 남아 하나님의 전지전능하심과 혼동되고 있는 듯했다. 그래서 조용해 씨는 하나님의 능력에 대하여 더 구체적으로 알고 싶은 마음이 생겼다.

✢

하나님은 온 우주만물을 주관하시는 분이다. 그 중에서도 사람에 대해서는 특별한 관계를 가지고 일하신다. 앞서 조용해 씨가 가졌던 의문들에 대해서 이야기를 나누어보자.

1. 당신은 하나님의 형상을 닮아 태어난 사람으로서의 긍지를 가지고 살아가고 있는가?

2. 당신은 삼위일체 교리를 완전하게 믿을 수 있는가? 어떤 부분이 이해하기 힘든지 이야기해보자.

3. 당신은 얼마만큼 하나님을 친근한 아버지로 생각하면서 교제하고 있는가?

이제 아버지 하나님에 관한 성경말씀을 찾아서 읽어보면서 하나님에 대하여 더 상세하게 알아나가도록 하자.

1. 하나님의 형상을 따라 사람을 지으셨다. (창세기 1:26)

2. 세 분이면서 한 분이시다. (마태복음 3:16~17)

3. 우리의 아버지가 되신다. (갈라디아서 4:6)

한편 하나님의 전지전능하심에 관하여 조용해 씨가 가졌던 혼란에 대해서는 다음의 성경구절들을 읽고 이야기해보자.

1. 영원히 변함없는 분이다. (신명기 4:39, 다니엘 6:26)

2. 언제 어디에나 계시는 분이다. (시편 139:7~10, 이사야 59:1)

3. 모든 것을 아시고 모든 것을 할 수 있는 분이다. (욥기 42:2)

지극히 작은 일부분이지만, 이상과 같이 하나님이 사람에게 어떤 분이신지 살펴보았다. 이제 하나님의 성품과 그분이 하시는 일에 관해 계속하여 알아가자. 우리 믿음의 대상인 하나님을 알고 믿어야 바른 믿음이 될 것이다.

말씀나누기 : 영적인 존재(천사)를 지으신 하나님

우리는 흔히 무당에게 신이 내렸다고 이야기한다. 여기서 신이란 넓은 의미에서 악한 영적인 존재를 말한다. 그러나 하나님과 천사 이외의 모든 악한 영적 존재들은 하나님을 대적하는 편에 서있다. 그런데 이들 악령들도 하나님이 만드신 피조물이라는 사실을 아는가? 제아무리 뛰어난 영적인 존재라도 하나님이 만드셨다는 사실을 알아두자. 다만 그들이 타락하여 악한 존재가 되었을 뿐이다. 영어로 '신(神)'은 'god'이다. 그러나 여호와 하나님은 'God'이다. 세상에 많은 신이 있지만 그런 신들은 전부 'god'이다. 오로지 창조주 여호와 하나님만이 첫 글자를 대문자로 써서 'God'이 되실 수 있다.

2. 하나님의 성품

조용해 씨에게 또 하나의 혼란은 하나님의 성품이었다. 목사의 설교 중 하나님에 관한 무서운 이야기를 들은 일이 있었고, 구약성경을 설교할 때는 무자비한 하나님의 모습도 나타나곤 하였다. 물론 조용해 씨는 아직은 자신과 직접적인 연관을 느낄

수는 없었다. 그러나 여느 사람과 마찬가지로 은근히 죄책감을 가지고 있는 그로서는 무서운 심판의 하나님이 달가울 리 없었던 것이다. 그래서 어떤 사람은 하나님이 싫어하시는 줄 알면서도 자신을 이기지 못하고 행하면서 마음 한쪽에는 늘 하나님이 벌을 주실지도 모른다는 두려움을 안고 다닌다고 하였다. 그 사람에게는 하나님은 두려움의 대상이요 공포의 대상이 될 것이다. 조용해 씨도 그런 두려움이 전혀 없는 것은 아니었다.

그런데 설교자는 대부분의 설교에서 하나님이 사랑이시라는 점을 굉장히 강조하고 있었다. 어떤 죄인이라도 다 용서하신다는 것이었다. 잘 알지는 못해도 살인한 사람이나 간음한 사람조차도 사랑으로 감싸주신다는 것이다.

'그러면 죄를 용서하지 않고 심판하시는 하나님과 어떤 죄라도 사랑으로 용서하시는 하나님은 서로 다른 분이라는 말인가?'

어느 날 갑자기 떠오른 이런 생각으로 인해 조용해 씨는 믿음에 갑자기 혼란이 일어났다. 조용해 씨는 아직은 이런 문제를 누구와도 상담하지 못하고 혼자서만 해답을 찾고 있었다.

⚜✝⚜

당신은 조용해 씨가 가졌던 것과 같은 의문을 가져본 일이 있었는가? 하나님의 성품의 양면성은 결코 모순된 것이 아니다. 하나님은 이 문제를 해결하실 방법을 가지고 계신다.

1. 하나님의 공의의 성품을 설명해보라. (시편 9:7~8)

2. 하나님의 사랑의 성품에 관하여 설명해보라. (요한일서 4:7~8)

3. 하나님은 공의의 성품과 사랑의 성품을 어떻게 해결하셨는가?
(요한복음 3:16)

이와 같이 하나님은 사람의 죄악을 해결하기 위하여 친히 사람의 모습으로 이 땅에 내려오셨다. 그리하여 사람이 받아야 할 벌을 대신하여 받으심으로써 모든 문제를 해결하셨다.

말씀나누기 : 기독교의 사랑

어떤 사람은 하나님의 사랑의 성품을 들어 기독교인들은 무조건적으로 참아주고 무한한 사랑을 베풀어야 한다고 생각한다. 그러나 하나님은 하나님을 대적하는 악한 세력들에게는 조금도 인정을 두지 않으신다는 사실을 알아야 한다. 하나님의 사랑이 필요한 사람에게는 무한하신 하나님의 사랑을 보여주기 위하여 애써야 하지만 하나님의 복음을 대적하고 공격하는 무리에게는 단호하게 대처하는 것이 교회와 기독교인들의 올바른 자세이다.

3. 하나님께서 하시는 일

조용해 씨는 하나님의 존재에 대한 의문점들이 풀리고 나자 하나님에 대한 사랑이 마음속에서 생겨나는 것을 느낄 수 있었다. 하나님에 대해 올바른 지식이 반드시 필요하다는 것을 그는 마음깊이 느끼고 있었다. 이제는 하나님이 조용해 씨 자신에게 어떤 분이 되시는가 하는 문제가 남아 있는데, 그것은 교회에 출석하면서 신앙생활에 힘쓸 때 하나하나 체험해갈 수 있을 것 같았다. 하나님께서 지금도 살아계셔서 일하신다는 이야기들이 사실로 실감되어가고 있었다.

조용해 씨의 이야기에서 당신은 무엇을 느꼈는가? 이제는 하나님이 하시는 일들에 대하여 이야기를 나누어보자. 하나님은 온 세상을 창조하셨고 사람들을 구원시키는 일을 하고 계시며 자연만물을 다스리시고 섭리하고 계신다.

1. 당신은 진화론과 창조론에 대해서 어떻게 생각하는가? 솔직하게 이야기해보자.

2. 당신은 주변에서 구원의 기쁨에 대해 이야기하는 것을 들어본 적이 있는가? 그 구원의 기쁨은 어디에서 온다고 생각하는가?

3. 하나님이 지금도 자연만물에 섭리하고 계시는 것을 느낄 수 있는 예를 의학이나 자연과학 등에서 몇 가지 만들어보자.

결실맺기

1. 당신이 지금까지 하나님에 대하여 어떤 생각을 가져왔는지 이야기해 보자.

2. 당신이 하나님에 대해서 가장 크게 깨달은 것은 어떤 점인가?

3. 신앙생활에서 새롭게 결심한 바가 있으면 이야기해보자.

하나님은 무한하신 사랑의 하나님인 동시에 정직과 공의를 행하시는 무서운 하나님이시다. 우리 성도들은 사랑의 하나님을 생각하며 자유롭게 신앙생활을 하는 한편, 심판하시는 하나님을 생각하면서 우리 행동을 절제하는, 편협하지 않은 신앙을 가져야 한다.

마무리기도

사람에 대하여 상상 못할 계획을 세우셔서 사랑을 베풀어주시는 아버지 하나님. 진정으로 감사드립니다. 아무런 자격이 없는데도 불구하고 사람을 지으셨기에 사람을 구원하시기 위한 온갖 은혜를 베푸셨습니다. 하나님 아버지. 우리가 하나님의 성품을 더 잘 깨달아서 하나님의 기뻐하시는 바를 행하도록 힘쓰는 성도가 되게 하소서. 하나님의 뜻을 이 땅에 펼치시는 데 저희를 사용하여 주시옵소서. 우리가 하나님의 일하시는 도구가 되고 하나님의 복을 받을 수 있는 그릇이 될 수 있도록 준비하게 하옵소서. 우리가 복음을 더 열심히 전하여 영혼의 열매를 추수할 수 있게 하시옵소서. 하나님께 큰 영광 돌리오며 우리 주 예수 그리스도의 이름으로 기도드립니다. 아멘.

10. 예수 그리스도 : 인간의 몸을 입으신 하나님

오늘의 이야기 : 사형수 예수

예옥임 씨는 교회에 다닌 지 두 달이 조금 넘었다. 그녀가 전도 받았을 때 전도자는 "아주머니, 예수 믿으세요?" 하고 물었는데, 예옥임 씨는 그게 무슨 말인지를 몰랐다. 그 전부터 사람들이 교회에 함께 나가자고 자주 권했지만 교회에 나간다는 것과 예수 믿는다는 것이 같은 말인지 몰랐던 것이다. 예옥임 씨가 예수님에 대해 알게 된 것은 도덕 교과서에서였다. 4대 성인 중에 예수님이 포함돼 있었던 것이다. 그래서 예옥임 씨도 예수님을 소크라테스, 석가, 공자와 같은 인물 정도로만 생각했었다. 그 후로 교회에 다니는 친구들로부터 이야기를 들으니 그것이 전부가 아니었다. 그 친구들 말로는 예수님은 하나님의 아들이라는 것이었다.

여하튼 예옥임 씨는 그런 것에 별로 신경 쓰지 않았고 자신과는 상관없는 일이라고 생각하고 성장했다. 청년 때에 친구가 교회에 가자고 졸라대는 바람에 서너 달 다닌 적이 있었는데, 그때 예수님은 십자가에 달려 사형 당했다는 이야기를 들었다. 예옥임 씨는 소크라테스도 감옥에서 사약을 받고 죽은 것으로 알고 있는데, 예수님도 비슷하게 죽었다고만 생각했었다.

예옥임 씨가 매년 예수님 이야기를 상기한 것은 성탄절 때였다. 성탄절이 되면 공연히 가슴이 설레고, 친구들과 어디에서 파티 할 것인지를 의논하고, 밤늦게까지 놀다가 헤어지곤 했었는데 그 기억들이 항상 새롭게 되살아나곤 했다. 성탄절은 예수님의 생일이라는데 왜 자기가 그렇게 좋아했었는지가 지금에 와서는 이상하게까지 여겨졌다. 예수님은 석 달 전까지만 해도 예옥임 씨와는 아무런 상관이 없는 분이었다.

❦❦❦✝❦❦❦

교회에 다니기 전의 예옥임 씨의 이야기를 듣고 당신의 경우를 이야기해보자.

1. 당신이 예수님을 믿기 전에 예수님을 어떻게 생각하고 있었는지 이야기해보자.

2. 4대 성인 중 석가, 소크라테스, 공자와 예수님의 근본적인 차이가 무엇인지 당신의 의견을 말해보자.

3. 지금 당신에게 있어 예수님은 어떤 분인지 솔직하게 말해보자.

질문 : 예수 그리스도의 뜻은 무엇입니까?

예옥임 씨의 이야기를 통해 예수 그리스도에 대해 계속 살펴보도록 하자. 그분이 어떤 분이며, 왜 사람의 몸을 입고 이 땅에 오셨으며, 어떤 일을 하셨으며, 우리들과의 관계는 어떤지 등에 관해 이야기해 나갈 것이다.

먼저 찬송가 144장의 가사를 읽어본 후, 뜻을 생각하면서 불러보자.

1. 예수님은 어떤 분일까?

예옥임 씨가 교회에 나온 지 3주째 되는 주일 설교에서 뜻밖의 내용을 들었다. 그것은 예수님의 탄생에 얽힌 이야기였다. 예옥임 씨는 예수님께서 동정녀 마리아에게서 나셨다고 들었는데, 그 동정녀가 처녀, 즉 남자를 경험하지 않은 처녀를 뜻하는 것인지는 몰랐었다. 처녀의 몸에서 예수님이 잉태되고 태어났다는 것이었다.

예옥임 씨로서는 도저히 믿어지지 않는 말이었다. 성령으로 잉태되었다고 하는데, 그러면 우리나라 식으로 말하면 귀신이 와서 하룻밤을 지내고 갔다고 밖에는 설명이 되지 않는 것이었다. 예옥임 씨로서는 이런 은밀한 생각까지 한다는 것이 죄스러웠지만 마음속의 의혹을 숨길 수 없었다. 그리스·로마 신화에 신들과 사람 사이에 아기가 태어나는 이야기들이 있는데, 그와 비슷한 것인가? 예옥임 씨는 거기에 대한 의문이 가시지 않아서 목사님께 질문을 했다. 목사님의 대답은 당연하다는 듯한 말이었다.

"자매님. 천지를 만드시고 모든 생명을 지으신 분이 처녀의 몸을 통하여 잉태케 하실 수 없겠습니까? 하나님으로서는 너무나 쉬운 일이셨을 것입니다.

예옥임 씨의 이야기는 굉장히 중요한 내용이다. 왜냐하면 하나님이 사람의 몸을 입고 이 땅에 오신 것이 믿어져야 다음 이야기가 진행될 수 있기 때문이다. 당신의 생각은 어떤지 이야기해보자.

1. 당신은 예옥임 씨와 같은 혼란에 빠진 적이 있었는가?

2. 당신은 예수님이 하나님이라는 사실을 믿을 수 있는가?

　이제 우리는 예수님이 어떤 분이신가를 확실하게 알고 넘어가야한다. 예수님이 어떤 분이신지 다음 성경구절들을 찾아보자.

1. 예수님은 완전한 하나님이시다. (요한복음 3:16)

2. 예수님은 완전한 사람이시다. (빌립보서 2:6~7)

3. 예수님은 죄가 전혀 없으시다. (마태복음 1:21, 히브리서 7:26)

　예수님은 가상의 인물이 아니라 실제로 이 땅에서 사셨고, 지금은 하늘나라에서 아버지 하나님과 함께 성도를 영접할 준비를 하고 계신다. 예수님은 역사적인 분이다. 그러므로 약 2,000년이 지난 오늘날까지 그분을 믿는 사람들이 수억 명에 이르는 것이다.

말씀나누기 : 예수님이 행하신 이적

　예수님이 행하신 이적은 참으로 놀라운 일들이었다. 자연에 대한 이적으로는 바다의 풍랑을 꾸짖어 잠잠케 하신 일과 바다 위를 걸어오신 일이 있다. 사람의 육신에 대한 이적으로는 나병환자, 시각

장애인, 지체장애인, 청각장애인 등 모든 종류의 불치병 환자들을 고치셨으며, 죽은 사람을 살리신 일도 여러 번 있었다. 한편 어린 아이가 싸온 도시락 하나로 5,000명 이상 먹게 하셨으며 4,000명에 대하여 같은 이적을 베푸셨다. 예수님의 이적과 사람의 마술의 차이점은 예수님은 하나님의 필요에 따라 베푸신 것이지만 마술은 사람들이 자기들의 필요에 따라 행한다는 데 있다. 그것도 모두 거짓일 뿐이다.

2. 예수님이 하신 일

예옥임 씨는 점점 교회예배에 익숙해지면서 예수님에 대한 지식을 쌓아가기 시작했다. 얼핏 보기에 예수님은 목수의 아들로 태어나 목수라는 직업을 갖고 가난한 하층민을 상대로 대중운동을 벌이다가 죄수로 잡혀서 사형 당하신 인물로 생각할 수 있다. 또한 그런 정도의 인물이라면 세상에서도 얼마든지 찾을 수 있다. 예수님의 존재와 그분의 사역을 잘못 이해하면 단지 그분은 평범한 혁명가로서의 운동을 실천한 인물로 평가할 수도 있다.

그러나 예수님은 백성들의 필요를 위해 혁명운동을 하시다가 죽으신 분이 결코 아니다. 예수님은 온 인류의 죄를 대속하시기 위해 이 땅에 오셔서 십자가에 죽으셨다가 무덤에서 3일 만에 부활하신 살아계신 하나님이시다. 즉, 예수님은 모든 인류가 해결하지 못한 죄와 죽음의 문제를 해결하신 엄청난 구속의 사역을 성취하신 것이다. 따라서 예수님 당대의 소수의 사람을 제외하고는 예수님의 존재와 사역과 죽음에 대한 의미를 깊이 인식하지 못하였다. 예옥임 씨는 이제 예수님의 존재와 사역과 죽음의 의미에 관한 의문점들이 서서히 풀리면서 믿음이 확고해짐을 느낄 수 있었다.

예옥임 씨의 이야기에서 당신은 무엇을 느끼는가? 예옥임 씨는 예수님이 4대 성인 중 한 분이 아니라 자신의 죄와 깊은 관계가 있는 주님이라고 깨닫고 있다.

1. 지금 당신과 예수님은 어떤 관계인가? 솔직하게 이야기해보자.

이제 예수님이 과거에 무슨 일을 하셨으며 지금은 무엇을 하고 계신지를 다음 성경구절을 통하여 살펴보도록 하자.

1. 질병을 고치고 귀신을 쫓아주셨다. (마태복음 4:23~25)

2. 참된 진리를 가르쳐주셨다. (요한복음 14:6~7)

3. 모든 인류의 죄를 짊어지셨다. (이사야 53:5~6)

4. 사흘 만에 죽음을 이기고 부활하셨다. (고린도전서 15:3~4)

5. 승천하셨다가 다시 오실 것이다. (사도행전 1:9~11)

말씀나누기 : 십자가의 의미

기독교인들은 십자가를 중요시한다. 십자가란 로마의 법에 의하여 가장 흉악한 범죄자들을 사형시키던 사형대로서, 손목과 발목을 못으로 박아서 나무에 매달아 죽어가게 만드는 무서운 도구이다. 예수님이 온 인류의 죄를 지시고 이 극악한 형틀에서 돌아가심으로써 십자가는 구원의 상징이 되었다. 그러나 십자가 자체에 능력이 있는 것은 아니다. 한편, 십자가의 수직 기둥은 하나님과의 관계, 수평 기둥은 사람과의 관계를 아름답게 하는 기독교인의 사역을 의미하다.

3. 예수님과 나

예옥임 씨는 이제 예수님을 인격적으로 만나고 싶은 마음이 생겼다. 예수님이 아무리 온 인류를 구원하셨다고 해도 그것이 자신과 아무런 관계가 없다면 무슨 소용인가? 그런데 예옥임 씨로서는 아직도 어떻게 해야 좋을지 알 수 없었다. 예수 믿으면 구원받고 천국 간다는데, 구원이 눈에 보이는 것도 아니고 천국은 죽어야 가는 곳인데, 어떻게 그 사실을 알 수 있단 말인가? 예옥임 씨는 요즈음 그런 갈급함으로 인해 교회에 더 열심을 내고 싶었고 예배가 있는 날은 웬만한 일이 아니면 빠지지 않고 예배에 참석하고 있다.

예옥임 씨는 예수님을 믿음으로써 생기는 일에 대하여 아직 뚜렷한 지식을 가지고 있지 못하고 있다. 예수님을 믿을 때 어떤 일이 우리에게 일어나는지 다음 성경구절들을 찾아보자.

1. 죄를 사함 받는다. (에베소서 1:7)

2. 구원을 받게 된다. (에베소서 2:8, 로마서 10:9~10)

3. 하나님의 자녀가 된다. (에베소서 2:19, 요한복음 1:12~13)

4. 성령을 받게 된다. (누가복음 11:13)

이상과 같이 당신도 예수님을 믿으면 죄 사함 받고 구원받으며 하나님의 자녀가 되어 성령을 선물로 받을 수 있다.

결실맺기

1. 예수님에 대하여 새롭게 깨달은 것을 이야기 나누어보자.

2. 예수님은 당신과 어떤 관계에 있는지 말해보자.

3. 이제 예수님에 대하여 당신의 기도를 드려야 할 것이다. 당신이 예수님께 원하는 것을 이야기해보자.

 예수님의 인류구원사역은 참으로 놀라운 일이지만, 그 사실을 마음으로 받아들이고 믿을 때에만 효력이 발생한다. 그 사실을 믿지 않는 사람에게는 그 어떤 수단과 방법도 소용이 없으며, 끝까지 믿음을 가지지 못하는 사람은 하나님과 상관없는 자로서 버림을 당하고 말 것이다.

마무리기도

 하나님. 참으로 하나님의 구원계획은 놀랍습니다. 아들 되시는 예수 그리스도를 죽게 만들면서까지 죄에 빠져있는 우리를 구원해주시니, 참으로 감사합니다. 예수님은 우리의 구원자이시며 우리의 주인 되십니다. 예수님은 우리의 친구가 되시며 상담자가 되시고 보호자가 되십니다. 그런 예수님을 믿음으로 받아들이게 하시고 구원받게 하시옵소서. 아직 마음이 열리지 않은 형제도 있습니다. 그러나 한 번 불러주셨으니 끝까지 붙잡아주시고 내버려두지 않으실 줄 믿습니다. 감사드리오며 우리를 위해 십자가에 돌아가신 예수 그리스도의 이름으로 기도드립니다. 아멘.

11. 성령님 : 당신 안에 사시는 분

오늘의 이야기 : 성령 받는 강좌

오영임 씨는 3개월가량 교회에 나온 사람이다. 그가 이해하기 어려운 말은 성령 받으라는 말이었다. 성령 받아야 방언도 하고 전도할 수 있는 능력도 생기고 기쁨도 체험한다고 하는데 도대체 성령을 어떻게 받아야 하는지 알 수가 없었다. 무슨 학원이나 문화센터가 있어서 성령 받는 강좌를 개설한 것도 아니고, 그냥 기도하면 성령 받는다고 하니 오영임 씨로서는 난감한 일이었다.

오영임 씨가 듣기로는 성령님은 하나님이라고 하였다. 아버지 하나님과 아들 예수님, 그리고 성령님이 모두 하나님이라고 하였다. 이해하기 힘든 이야기지만 오영임 씨는 굳이 이해하려고 하지는 않았다. 하나님 세계의 신비한 일을 사람의 좁은 지식과 머리로 이해하기는 어차피 힘든 것이니까 그런 것은 믿기로 했다. 오영임 씨는 그것이 차츰 믿어졌다. 그런데 성령 받는 것은 그냥 믿을 수도 없고 무슨 증거도 없으니까 곤란하다고 느꼈다.

어떤 사람은 기독교에 대해서 아무것도 모를 때인데도 부흥회에 갔다가 방언이 터져서 열심히 믿게 되었다고 하였다. 또 다른 이는 불치병으로 고생하다가 집회에 가서 뜨거운 불을 받고 깨끗이 나아서 신앙생활을 열심히 하게 되었다고도 했다. 이런 일들을 모두 성령님이 하신다고들 했다. 오영임 씨로서는 그런 사람들이 부럽기도 했고 나에게는 왜 그런 일이 없는지 은근히 원망스럽기도 했지만, 그런 기회를 기다리는 마음이 간절해졌다.

✿✿✿✝✿✿✿

오영임 씨의 문제는 누구나 겪을 수 있는 문제이다. 여기에 대해 속히 해결하지 않으면 자칫 들러리신자가 될 수도 있다. 당신의 경우는 어떠한지 이야기 나누어보자.

1. 당신은 오영임 씨와 같은 입장이 된 적이 없었는가?

2. 오영임 씨의 생각 중 잘못된 부분이 있는가? 당신의 생각을 말해 보자.

3. 당신은 성령님에 관한 체험이 있는가? 한 가지씩만 말해보자.

성령님은 하나님의 영 혹은 그리스도의 영이시다. 그러나 단순히 감화력이나 능력이 아니고 아버지 하나님, 아들 예수님과 동등한 신격을 가지고 계시는 하나님이시다. 예수님 승천 후 성령님을 보내서서 오늘날까지 성도들을 도우시고 하나님의 뜻을 이 땅 위에 펼쳐가고 계신다.

찬송가 182장의 가사를 깊이 생각하면서 부른 후 이야기를 계속하자.

1. 성령님이 하시는 일

오영임 씨는 성령을 받으면 방언을 하고 뒤로 넘어지고 불을 받고 울부짖는 현상이 나타난다고 생각하고 있었다. 그리고 성령을 받으려면 능력 있는 인도자가 이끄는 집회에서 안수기도를 받는 것이 좋다고 생각했다. 그런데 오영임 씨는 성령 받는다는 것과 성령 충만하다는 것이 같은 말인지 혹은 다른 말인지 분별하지 못했다. 성령 받으면 기쁨이 오고 감사가 넘치고 변화되게 하신다는 것만 알고 있었다. 오영임 씨는 성령 받는 것이 좋다는 말만 듣고 무조건 성령 받기를 원하면서 그런 기회가 오기를 기다렸다.

오영임 씨의 생각을 당신의 생각과 비교해보자.

1. 당신이 오영임 씨의 생각에 공감하는 것은 어느 부분인가?

2. 오영임 씨의 생각 중 이상한 부분을 이야기해보자.

3. 당신은 성령을 받기 위하여 노력한 일이 있었는가? 솔직하게 이야기해보자.

4. 당신이 성령을 받았다고 생각한다면 그 이유는 무엇인가? 또는 성령을 받지 못했다면 왜 그렇게 생각하는가?

성도들은 누구라도 성령을 받지 않으면 믿음이 생기지 않으며 힘 있는 신앙생활을 할 수 없다. 이제 성령께서 어떤 일을 하시는지 구체적으로 살펴보자. 다음 성경구절들을 읽고 성령님이 하시는 일을 말해보자.

1. 예수님을 믿게 하신다. (고린도전서 12:3)

2. 거룩하게 변화시키신다. (에스겔 36:27)

3. 여러 가지 모습의 능력을 주신다. (마태복음 10:19~20, 고린도
전서 12:8~11)

4. 열매를 맺게 하신다. (갈라디아서 5:22~23)

이상과 같이 성령님은 예수님을 믿게 만드시고, 변화되어가게 하
시며, 여러 가지 능력과 지혜를 주시며, 아름다운 인격적인 열매들
을 맺게 하신다. 교회에 출석하는 분이라면 속히 성령을 받기 바란
다.

말씀나누기 : 성령 받는 것과 성령 충만한 것

성령님은 처음 예수님을 믿을 때 우리 속에 들어오신다. 한 번 거하시면 일평생 우리의 생활 속에서 역사하시는데, 개개인의 신앙 생활에 따라서 강하게 역사하시기도 하고 거의 역사하지 않으시기도 한다. 반면 성령 충만이란 이미 성령 받은 성도들이 심령을 깨끗이 하여 성령님께서 활발히 활동하시도록 만들어 드리는 것이다. 따라서 많은 경우에 성령 받으라는 말은 성령 충만을 받으라는 말로 이해해야 할 것이다. 우리 모두 마음을 비워드려 성령 충만한 생활을 하도록 하자.

2. 성령으로 충만하라

✠

오영임 씨는 이제 성령님에 대해 조금은 알 것 같았다. 그런데 그녀는 자신이 성령을 받았는지 어떤지를 알 수 없었다. 성령 받은 것인지 아닌지를 알아야 성령 충만을 위해서 기도할 것이 아닌가? 그녀로서는 그 사실을 확인할 길이 없었다. 그녀가 듣기로는 질병치료의 체험이 있다고 해서 그 사람이 꼭 성령 받은 것은 아니라고 했다. 방언을 했다고 해서 꼭 성령 받은 사람이 아닐 수도 있다는 것이었다.

그런 말을 들은 후로 오영임 씨는 더욱 혼란스러웠고 자신이 없어졌다. 그녀는 분명히 예수님을 구주로 믿고 있으며 교회에 배에 출석하면서 기쁨을 느끼고 있었고 교회에 다니게 된 것이 무척이나 감사했다. 성령님이 아니면 믿음을 가질 수 없다고 했는데 그렇게 따지면 오영임 씨도 성령 받은 사람이지만 그래도 오영임 씨로서는 확신을 가질 수 없었다.

❧✞❧

당신도 오영임 씨와 같은 경우일 수 있다. 솔직하게 이야기 나누어보자.

1. 오영임 씨의 이야기 중 당신이 공감할 수 있는 부분은?

2. 오영임 씨의 생각 중 잘못되었다고 판단되는 부분이 있는가? 당신의 견해를 이야기해보자.

3. 당신은 성령 충만을 받기 위해서 어떻게 해야 한다고 생각하는가? 당신의 체험이 있으면 그 이야기도 해보자.

성령 충만이란 심령 속에 다른 더러운 것이 자리 잡지 않고 오직 성령님으로 가득 찬 상태를 말한다. 그렇게 되면 말로 할 수 없는 기쁨과 평강이 생기고 하나님의 일을 능력 있게 감당할 수 있게 된다. 다음 성경구절들을 통해 성령 충만을 받는 비결을 이야기해보자.

1. 진심을 다해 예수님을 구주로 고백해야 한다. (디도서 3:6)

2. 죄를 남김없이 고백해야 한다. (사도행전 2:38)

3. 하나님께 간절히 기도해야 한다. (사도행전 5:32)

4. 말씀을 듣고 배워야 한다. (이사야 34:16)

말씀나누기 : 성령님의 이력서

본적 : 천국 　　　　　　생년월일 : 영원 전

주소 : 성도의 육신 　　　　전화번호 : 기도

약력 : 하나님, 예수님과 함께 천지창조에 참여하심
　　　　구약시대 하나님의 일을 도우심.
　　　　예수님의 공생애 기간 동안 온갖 사역을 도우심.

예수님 승천 후 세상에 내려오셔서 전담 사역 감당 중임.
이후로 지구상 수십억의 사람들을 구원시키고 계심.

3. 성령님과 나

여기에서 우리는 성령 충만할 때 어떤 일이 일어나는가를 알아보자. 예수 그리스도를 주로 시인하여 성령 받은 사람이 자기 죄를 고백하여 심령을 깨끗이 하고, 하나님의 말씀과 구원의 복음을 듣고 배우며, 성령 충만하기를 간절히 기도할 때 성령 충만이 일어난다. 성령 충만할 때 당신에게 일어날 수 있는 현상들에 대해 다음 성경구절들을 찾아보고 이야기해보자.

1. 성령 충만 받아 믿음의 사람이 된다. (에베소서 5:18~19)

2. 성경의 진리를 깨닫게 된다. (요한복음 14:26)

3. 어떤 상황에서도 감사가 넘치게 된다. (에베소서 5:20, 데살로니가후서 2:13)

4. 봉사와 전도의 능력이 생긴다. (사도행전 1:8)

5. 자기 직분을 잘 감당하게 된다. (고린도전서 12:7~11)

이와 같이 성령 충만하면 마음에 놀라운 기쁨이 생겨서 입술에서 찬양이 떠나지 않으며, 성경말씀을 잘 깨달아서 진리를 알 수 있게 된다. 또한 어떤 어려운 상황에서도 감사한 마음이 넘치게 될 뿐만 아니라 봉사와 전도를 할 때 자기도 모르는 힘이 솟아오르며, 자기에게 맡겨진 직분을 잘 감당할 수 있는 마음과 좋은 결과가 나타난다.

결실맺기

1. 지금까지 성령님에 대하여 당신이 가져왔던 생각들을 이야기 해보자.

2. 오늘 당신이 새롭게 깨달은 부분을 이야기해보자.

3. 당신이 이제부터 성령 충만하기 위해 어떻게 할 것인지 이야기
해보자.

기독교인은 성령 충만하지 않으면 참다운 기독교인의 모습을 보여줄 수 없다. 성령 충만할 때 하나님의 일을 하면 열매가 맺히고 얼굴 표정이 기쁨으로 넘치며 많은 사람들에게 좋은 영향을 끼칠 수 있다. 당신도 성령 받고 성령 충만하여 아름다운 생활을 하기 바란다.

마무리기도

사랑이 많으신 아버지 하나님. 허물과 죄로 죽었던 우리를 죄악에서 구원하시기 위해 예수님을 이 땅에 보내주시고 십자가의 저주의 죽음을 대신 감당하게 하시니 감사를 드립니다. 그리고 성령님을 보내주셔서 항상 동행하게 하시고 우리의 삶을 주관하시며 주님을 온전히 믿을 수 있도록 은혜를 베풀어주시니 진심으로 감

사를 드립니다. 우리에게 항상 성령의 충만함을 주셔서 주님의 세미한 음성에 귀를 기울이며 봉사와 전도와 사랑의 열매를 풍성히 맺게 하옵소서. 이 땅에 성령님을 보내주신 예수 그리스도의 이름으로 기도드립니다. 아멘.

12. 영접 : 예수님을 영접하려면

오늘의 이야기 : 인생의 근본적인 문제

나주랑 씨는 교회에 출석한 지 3개월가량 되는 사람이다. 그는 인생의 근본적인 문제로 고민하고 있었다. 자신도 모르게 허무주의와 염세주의에 빠져 들어가서 인생의 목적이며 의미를 전혀 깨닫지 못하고 혼란 가운데서 어쩔 수 없이 살아가고 있었던 것이다. 그런 만큼 그는 내면적으로는 인생의 참된 의미를 찾는 데 갈급한 상태였다. 나주랑 씨는 가까운 친척의 권면으로 교회에 나오게 되었는데, 과거에도 몇 개월씩 교회에 다닌 적은 있었다. 그런데 이번에 다니게 된 교회에서는 뭔가 새로운 것을 발견한 것 같은 느낌이 들었고, 인생의 의미를 찾을 수 있을 것 같은 기대감이 생겼다.

이렇게 교회예배에 지속적으로 참석하고 구역예배에도 참석하면서 나주랑 씨는 마음에 믿음이 생기는 것 같았다. 그것이 구체적으로 어떤 것인지 아직은 설명할 수 없지만 마음속에 죄의식으로 가득한 나주랑 씨는 예수님이 그 죄들을 지고 십자가에 못 박혀 돌아가셨다는 말이 어느 정도 믿어졌다. 아직 죄의 짐이 풀렸다는 확신은 없었지만 나름대로 하나님의 존재와 그 사랑을 깨달을 수 있었다. 그러나 누가 나주랑 씨에게 구원받았느냐고 물어본다면 거기에 대답할 자신은 없었다. 목사가 설교

할 때도 가끔 구원의 확신을 가지고 신앙생활을 해야 한다고
말하는데, 어떻게 해야 구원의 확신을 가지게 되는지 알 수 없
었던 것이다. 나주랑 씨가 지금 할 수 있는 일은 막연하게 구원
의 확신이라는 믿음이 생겨나기를 기다리는 수밖에 없었다.

❧❧❧✝❧❧❧

나주랑 씨의 이야기는 참으로 중요한 이야기이다. 왜냐하면 당신
이 교회에 다니는 이유도 영혼구원에 있기 때문이다. 당신은 구원
에 대해 어떻게 생각하는지 이야기 나누어보자.

1. 나주랑 씨의 이야기에서 당신이 공감하는 부분을 설명해보자.

2. 나주랑 씨의 이야기에서 당신이 이상하다고 생각되는 부분이
있으면 이야기해보자.

3. 당신은 구원의 확신을 가지고 있는가? 그렇지 않다면 어떤 이
유에서 아직 구원의 확신을 가지지 못했는가?

당신이 구원받아야 할 이유는 세 가지로 요약할 수 있다. 첫째, 당신은 하나님 앞에 죄인이기 때문이다. 죄란 하나님을 믿지 않는 죄를 말한다. 둘째, 당신은 이 죗값으로 인하여 반드시 죽기 때문이다. 셋째, 죽은 후에는 심판을 받아야하기 때문이다.

찬송가 538장의 가사를 읽어보고 그 뜻을 생각하면서 찬양 드린 후, 정말로 중요한 오늘의 이야기를 시작하자.

1. 하나님의 은혜

당신은 하나님께서 이 세상만물을 창조하신 것을 믿을 것이다. 그런데 누구를 위하여 이 천지를 창조하셨는지 아는가? 하나님은 온 천지를 만드신 다음에 사람을 창조하시고 모든 만물을 사람에게 맡겨서 다스리게 하셨다. 사람들에게 축복과 평화와 기쁨과 소망 등 모든 좋은 것을 주시는 것이 하나님의 목적이다. 다음 성경 구절들을 통하여 그 사실들을 확인해보자.

① 하나님은 온 천지와 사람을 창조하셨다.

(창세기 1:1) "태초에 하나님이 천지를 창조하시니라"
(창세기 1:27) "하나님이 자기 형상 곧 하나님의 형상대로 사람을 창조하시되 남자와 여자를 창조하시고"

② 하나님은 만물을 사람에게 주셨고 다스릴 수 있게 하셨다.

(창세기 2:8) "여호와 하나님이 동방의 에덴에 동산을 창설하시고 그 지으신 사람을 거기 두시니라"
(창세기 1:28) "하나님이 그들에게 복을 주시며 하나님이 그들에게 이르시되 생육하고 번성하여 땅에 충만하라, 땅을 정복하라, 바다의 물고기와 하늘의 새와 땅에 움직이는 모든 생물을 다스리라 하시니라"

나눔 1 : 하나님께서 원래 사람들에게 주신 풍성한 삶의 모습을 이야기해보자.

나눔 2 : 당신은 하나님께서 허락하신 풍성한 삶(복)들을 얼마만큼 누리며 살고 있다고 생각하는가?

하나님은 이렇게 각양 좋은 것으로만 사람에게 채워주셨는데, 사람들은 그 완전한 삶을 누리지 못하고 불안과 절망, 죄악과 원망, 무지와 불신 가운데서 살아가고 있다.

**그런데 왜 사람들은 하나님이 허락하신 풍성한 삶을
누리며 살지 못하는 것일까?**

2. 사람의 죄

풍성한 축복의 삶을 누리던 사람에게 사탄이 뱀의 형상을 입고 나타나 하나님처럼 될 수 있다고 유혹한다. 사람은 그만 유혹에 빠져 하나님께 불순종하는 돌이킬 수 없는 죄를 범하고 만다. 이 한 번의 죄로 인하여 인류는 에덴을 잃어버리고 죄 가운데 빠지게 되었으며 사망이 이 세상에 들어오게 되었다. 성경말씀을 통하여 이 사실을 확인해보자.

① 하나님이 주신 것을 사람이 잃어버렸다.

사람은 하나님과의 약속을 저버렸고 죄악 가운데 빠지게 되었다.

(로마서 5:12) "그러므로 한 사람으로 말미암아 죄가 세상에 들어오고 죄로 말미암아 사망이 들어왔나니 이와 같이 모든 사람이 죄를 지었으므로 사망이 모든 사람에게 이르렀느니라"

② 하나님과 사람 사이에는 커다란 간격이 생기고 말았다.

사람은 이제 아무리 노력해도 하나님과 가까이 할 수 없게 되어버린 것이다.

(로마서 1:28) "또한 그들이 마음에 하나님 두기를 싫어하매 하나님께서 그들을 그 상실한 마음대로 내버려 두사 합당하지 못한 일을 하게 하셨으니"

나눔 1 : 당신이 그 동안 창조주 하나님(신)을 찾으려는 노력을 얼마나 하였는지 이야기해보자.

나눔 2 : 당신이 창조주 하나님과 만나려는 노력이 실패한 이유는 무엇이라고 생각하는가?

이제 사람들은 하나님께 나아가고 싶어도 나아갈 길을 상실해 버렸다. 그리하여 철학이나 예술, 미신, 학문, 기타 다른 종교를 통하여 상실한 마음을 되찾고자 하지만 어느 것으로도 돌이킬 수 없는 상태가 되고 말았다.

그렇다면 이제 어떻게 해야만 할까?

3. 죄 문제의 해결

그런데 사람의 죄와 사망의 문제를 불쌍히 여기는 분이 계셨으니 그분은 바로 인간을 창조하신 하나님이셨다. 하나님은 그 공의의 성품으로 말미암아 인간의 죄를 용서하지 않으시고 행복과 축복을 빼앗아버리셨지만, 하나님이 친히 지으신 사람에 대한 관심이 줄어든 것은 결코 아니었다. 그리하여 죄와 사망의 문제를 해결할 수 있는 방법을 제시하셨으니, 그것은 누군가를 내세워서 죄로 인하여 사형선고를 받고 죽어야 할 모든 사람들을 대신해 죽게 만드는 방법이었다. 그런데 대신 죽어야 할 그분은 몇 가지 전제조건이 필요했는데, 그분은 죄가 없는 분이어야 하고, 단 한 번으로 온 인류의 죄를 대신할 수 있는 분이어야 하며, 우리들과 똑같은 사람이어야 하는 것이다. 그런 분은 단 한 분밖에 찾을 수 없다. 그분은 바로 하나님의 아들이신 예수 그리스도이시다.

그리하여 예수 그리스도께서 온 인류를 위해 대신 죽으심으로써 하나님과 사람 사이에 막혀있던 죄의 담을 허물어버리셨다. 그럼으로써 죄로 인해 들어왔던 불안, 근심, 절망, 죽음, 고통 등을 한꺼번에 해결해 주셨던 것이다. 성경말씀으로 확인해보자.

(요한복음 3:16) "하나님이 세상(당신)을 이처럼 사랑하사 독생자(외아들)를 주셨으니 이는 그를 믿는 자마다 멸망하지 않고 영생(구원)을 얻게 하려 하심이라"

(사도행전 4:12) "다른 이로써는 구원을 받을 수 없나니 천하 사람 중에 구원을 받을 만한 다른 이름을 우리에게 주신 일이 없음이라 하였

더라"
(로마서 6:23) "죄의 삯은 사망이요 하나님의 은사는 그리스도 예수 우리 주 안에 있는 영생이니라"

나눔 1 : 결국 이 세상의 모든 종교가 해결하려고 시도했던 문제는 무엇이라고 생각하는가?

나눔 2 : 일정한 형량을 선고받고 죗값을 치루더라도 마음속의 죄의식은 그대로 남아있다. 죄 지은 사람이 죄의 문제를 완벽하게 해결할 수 있는 방법은 단 한 가지이다. 그것이 무엇이라고 생각하는가?

이제 나의 죄 문제는 다 해결 받은 것인가?

4. 예수님 영접

예수님은 하나님으로서 친히 사람의 몸을 입고 이 세상에 오셔서 피조물인 인간들로부터 온갖 수모와 고통을 당하시고 우리 죄를 대신 지시고 십자가에서 돌아가셨다. 그래서 구원에 있어서 우리가 해야 할 일은 없다. 그런데 하나님께서 구원의 놀라운 길을 열어두시고 행복과 축복의 길을 준비해주셨지만 사람이 그 사실을 믿지 않으면 그 사람에게는 아무런 소용이 없다. 만일 당신이 그 사실을 마음에 믿고 자기의 죄인 됨을 인정하고 회개하여 예수 그리스도를 당신의 구주이며 주인으로 마음에 영접하면 하나님은 당신을 하나님의 자녀로 맞아들이실 것이다. 그뿐만 아니라 자녀로서 복된 길을 걸을 수 있게 하실 것이다.

마음에 믿음을 가지고 입으로 주를 영접하는 이 일은 무척이나 쉬운 일이지만, 그러나 우리의 의지만으로는 결코 일어날 수 없는 일이다. 예수님을 구주로 영접하는 것은 참으로 기적 중의 기적인 것이다. 이제 그 사실들을 성경말씀으로 확인해보자.

(요한복음 1:12) "영접하는 자 곧 그 이름을 믿는 자들에게는 하나님의 자녀가 되는 권세를 주셨으니"
(로마서 10:9) "네가 만일 네 입으로 예수를 주로 시인하며 또 하나님께서 그를 죽은 자 가운데서 살리신 것을 네 마음에 믿으면 구원을 받으리라"
(요한일서 4:15) "누구든지 예수를 하나님의 아들이라 시인하면 하나님이 그의 안에 거하시고 그도 하나님 안에 거하느니라"

나눔 1 : 예수님을 영접한다는 것은 예수님을 내 마음의 주인으로 모셔 들이는 것이다. 현재 당신 마음의 주인은 누구인가?

나눔 2 : 당신 마음의 주인을 예수님으로 모셔 들인다면 당신의 인생은 당신의 것이 아니라 하나님의 소유가 되는 것이다. 그렇게 되면 인생의 모든 문제를 하나님께서 책임져주신다. 당신은 당신 마음에 예수님(하나님)을 주인으로 받아들일 준비가 되어 있는가?

**이제 당신에게는 예수 그리스도를 삶의 주인으로
모셔 들이는 일만 남아있다.**

5. 영접 기도

남은 것은 당신의 마음에 생긴 믿음을 입으로 하나님께 고백하는 영접기도를 드리는 일이다. 조용히 무릎을 꿇고 정결한 마음으로, 그러나 인생의 새로운 길을 여는 기쁜 마음으로 예수 그리스도를 당신의 마음에 받아들이면서 다음과 같은 기도를 드리기 바란다. 아래 영접기도문을 정확하게 읽고 영접기도를 드리겠다는 결단을 확인한 이후에 진실한 마음으로 영접기도를 드려야 한다. 그리고 영접기도를 드리면 이제 모든 인생을 예수님께 맡기고 진정한 기독교인의 삶을 살게 되는 것임을 이해해야 한다. 그렇게 하고 나서 지도자의 인도를 따라 본 영접기도문을 한 문장씩 따라 읽자.

"사랑의 하나님.
저는 그 동안 하나님의 뜻을 어겼을 뿐 아니라
하나님에 대하여 무관심하게 살았습니다.
그러나 이제 저는 죄인임을 고백하며 주께 돌아옵니다.
살아계신 하나님 아버지,
지금까지 제 마음대로 살아온
잘못된 생활에서 돌아서기를 간절히 원합니다.
그리고 예수님을 저의 구주로 믿고
저의 주인으로 모시고자 합니다.
제 마음에 오셔서 새사람이 되게 하시고
항상 하나님을 섬길 수 있게 하옵소서.

예수 그리스도의 이름으로 기도드립니다. 아멘."

이제 당신은 정식으로 하나님의 자녀가 되었다. 이 기도는 당신이 죄인인 것을 인정한 것이고, 하나님을 떠나게 했던 죄에서 돌이키는 회개를 한 것이며, 당신을 위해 예수 그리스도께서 대신 죽으시고 부활하신 것을 믿는 것이다. 이러한 사실들을 모두 받아들임으로써 당신은 인생의 주인을 당신 자신에게서 주 예수께 드리기로 약속하였다.

나눔 1 : 예수님을 주인으로 모셔 들이는 순간 당신은 하나님의 자녀가 된 것이다. 당신의 마음속에 현재 구원받았다는 느낌이나 확신이 생겼는가?

나눔 2 : 구원의 확신이란 느낌이나 생각으로 이루어지는 것이 아니라 하나님의 약속의 말씀으로 이루어지는 것이다. 예수님을 인생의 주인으로서 주님으로 영접하면 곧 그것이 구원받은 것이라는 약속의 말씀을 기록해보자('4. 예수님 영접' 중 요한복음 1:12, 로마서 10:9, 요한일서 4:15).

결실맺기

이제 당신에게 진정으로 축하의 말씀을 드릴 수 있게 되었다. 왜냐하면 예수 그리스도를 영접하는 기도를 드린 당신은 구원에 이른 것이며 예수 그리스도 안에서 영적으로 갓 태어난 분이기 때문이다. 하나님께서는 한 사람이 회개하고 주님 품으로 돌아오면 천국에서 잔치를 벌이신다는 사실을 알아야 한다. 그러므로 이제부터 당신은 기쁨과 감사의 신앙생활을 하기 바란다. 바로 이 순간이야말로 당신을 향하신 하나님의 계획이 이루어지는 순간이다. 다시 한 번 주님 안에서 한 형제 된 것을 깊이 감사드린다.

마무리기도

우리로 하여금 주의 자녀가 되기까지 기다리시고 또 기다리신 하나님. 온갖 사람과 방법을 다 동원하여 우리에게 복음의 메시지를 주셨지만, 하나님을 외면하고 때로는 하나님을 대적하기까지 하던 우리를 길이 참아주신 하나님께 진심으로 감사를 드립니다. 하나님. 이제 남은 것은 하나님의 자녀다운 생활을 하고 예배생활을 통하여 우리를 향하신 하나님의 뜻을 이루어드리는 일인 줄 압니다. 복된 길을 열어두셨으니 우리를 위하여 준비하신 모든 복을 누릴 수 있는 하나님의 자녀가 되게 하시옵소서. 우리 죄를 대신 짊어지시고 부활하신 우리 주 예수 그리스도의 이름으로 기도드립니다. 아멘.